Armin Scheider

DIE SCHÖNSTEN AUSFLÜGE

ALPENVORLAND ZUM STAUNEN

Einzigartige Freizeitziele zwischen Berchtesgaden und Garmisch

J. BERG

Inhalt

Einführung 6

1 Glanzlichter in der Münchner City 10
Ein Bummel durch München 10 – Altstadtrundgang 11 – Im Englischen Garten 15 – Besuch im Deutschen Museum 15 – Olympiapark 16

2 Überraschendes am Stadtrand von München 18
Edelporzellan in Oberschleißheim 18 – Auf Raritätenjagd in Keferloh 19 – Eine Radlermaß in der Kugleralm 19 –Im Wildpark zu Straßlach 20 – Zoologische Weltreise in Hellabrunn 20 – Faszination Blutenburg 21

Der Marienplatz, das Zentrum der Münchner Altstadt mit Mariensäule, Neuem Rathaus und dahinter den Türmen der Frauenkirche mit ihren Welschen Hauben

3 Mit dem Radl nach Landsberg 22
Vom Bahnhof Geltendorf nach Landsberg 22 – Rundgang in Landsberg 22 – Rückfahrt nach Geltendorf 23

4 Prachtkirchen im Pfaffenwinkel 24
Besuch im Kloster Andechs 24 – Gipfelschau auf dem Hohen Peißenberg 24 – Rokokopracht in der Wies 25 – Wanderung an der Wies 26 – Zum »Großen Gott« nach Altenstadt 26 – Rückfahrt über Wessobrunn 27

5 Über den Staffelsee nach Linderhof 28
Fronleichnam auf dem Staffelsee 28 – Im Bilderbuchdorf Oberammergau 28 – Wanderung durch das Weidmoos 30 – Auf Schloss Linderhof 31

6 Superlative im Werdenfelser Land 32
Über Garmisch-Partenkirchen 32 – Auffahrt zur Zugspitze 33 – Durch die Höllentalklamm 35 – Umrundung des Eibsees 35 – Parkspaziergang mit Wettersteinblick 37

7 Gebirgsradeln am Fuße der Zugspitze 38
Von der Bergstation bis Kirchplatzl 38 – Im Leutaschtal nach Mittenwald 39

8 Faszinierende Bilder aus Mittenwald 40
Genusswandern über die Buckelwiesen 40 – Rundgang in Mittenwald 42 – Radeln zur Isarquelle 42

9 Von Benediktbeuern zum Walchensee 44
Im Kloster Benediktbeuern 44 – Abstecher zum Freilichtmuseum Glentleiten 45 – Besuch im Walchenseekraftwerk 46 – Wanderung zum Jochberg 46 – An den Ufern des Walchensees 46

10 Isarwinkel – Ausflugsregion Nr. 1 48
Bad Tölz ist eine Reise wert 48 – Wandern in den Attenloher Filzen 49 – Sommerrodeln am Blomberghang 49 – Mit dem Radl zum Großen Ahornboden 50

11 Raritäten im Bayerischen Oberland 52
See und Ort Tegernsee 52 – Radeln durchs Oberland 53 – Top-Kirchen in Fischbachau 53 – Bergwandern am Wendelstein 54

12 Am Inn entlang zum Kaisergebirge 56
Anfahrt über Aying und Weihenlinden 56 – Dorfbummel in Neubeuern 57 – Theaterklassiker im Inntal 58 – Bergwanderung zum Pendling 58 – Inn-Radeln ist in 60

Ein bekanntes Tegernsee-Panorama: Rottach-Egern mit der Laurentiuskirche und dem Wallberg

13 Radausflug zum Chiemsee 62

Von Prien nach Gstadt 63 – Von Gstadt nach Chieming 63 – Rückfahrt nach Prien/Stock 63

14 Ein erlebnisreicher Tag im Chiemgau 64

Rundgang in Amerang 64 – Radeln zur Ratzinger Höhe 65 – Kurzbesuch im Kloster Seeon 66 – Anziehungspunkte in Altenmarkt 66 – Naturdenkmal Achendelta 68 – Urdei und Fresken in Urschalling 69 – Einkehr beim Gocklwirt 69

15 Staunenswertes im Inn-Salzachgau 70

Im Bann der Altöttinger Wallfahrt 70 – Festungsromantik in Burghausen 72 – Wanderung von Burghausen nach Raitenhaslach 74

16 Museumsparade im Trauntal 76
Der Traunsteiner Georgiritt 76 – Eine Reise in die Vergangenheit 76 – Wandern im Bergener Moos 77 – Originelle Museen in Ruhpolding 78 – Wanderung zum Inzeller Gletschergarten 79

17 Erlebnisse im Rupertiwinkel 80
Malerisches Schauspiel in Höglwörth 80 – Dorfidylle in Anger 80 – St. Zeno in Bad Reichenhall 81 – Die älteste Pipeline der Welt 82

18 Genussradeln nach Salzburg 84
Von Höglwörth nach Salzburg 84 – Rundgang in Salzburg 84 – Rückfahrt nach Höglwörth 85

19 Glitzernde Eiswelt auf dem Untersberg 86
Zur Schellenberger Eishöhle 86 – Führung durch die Eishöhle 86 – Attraktion Kugelmühle 87

20 Im Herzen des Berchtesgadener Landes 88
Aufstieg zur Kneifelspitze 88 – Besuch der Wallfahrtskirche Maria Gern 89 – Eine Rundfahrt auf dem Königssee 89 –Wanderung zur Eiskapelle 91 – Almer Wallfahrt 92 – Aufstieg zur Gotzenalm 93 – Finale in Ramsau 93

Register 94
Impressum 96

Dieses kunstvolle Hochrelief vom Tode Mariens aus dem 15. Jahrhundert ist in der Laurentiuskirche von Rottach-Egern zu bewundern.

Solch aufregend schöne Bilder zeigen sich auf dem Gotzenplateau: Links das Steinerne Meer, rechts die Watzmann-Ostwand.

Einführung

Das Schönste, das Älteste, das Größte – Superlative in einer Traumlandschaft! Unter diesem Motto stehen 20 Ausflüge, die ins oberbayerische Alpenvorland führen, jenem Gebiet also, das sich in etwa zwischen München und dem Alpenrand und von der Salzach im Osten bis zum Lech im Westen erstreckt.

Das Besondere daran: Dieser Raum gehört anerkanntermaßen zu den beliebtesten Urlaubs- und Freizeitregionen ganz Deutschlands. Solche Wertschätzung kommt nicht von ungefähr, sie muss ihre Gründe haben. Ausschlaggebend ist wohl das ungewöhnlich breite und vielfältige Angebot herausragender Freizeitziele, allen voran die reizvolle Landschaft. Ihre Facetten reichen von bäuerlichen Fluren mit blumengeschmückten Dörfern und Höfen über parkartige, von alten Bäumen bestandenen Zonen bis hin zu malerischen Seen- und Flusslandschaften. Die Krönung aber ist das Zusammenspiel von Landschaft und Alpenkulisse. Sich in anmutigem Gelände zu bewegen bei gleichzeitig prächtiger Aussicht auf das Gebirge, das ist für viele Menschen der Inbegriff von Naturerlebnis und Landschaftsgenuss.

Die kleine »Lady« bewundert das tosende Naturspektakel in der Leutaschklamm zu Mittenwald

Das oberbayerische Alpenvorland ist aber auch altes Kulturland: an vielen Orten Wallfahrtstraditionen, in fast jedem größeren Dorf ein Heimatmuseum und über das Land verstreut eine erstaunliche Zahl an kunstgeschichtlich herausragenden Kirchen, Klöstern und Schlössern. Nicht zu vergessen das unverfälschte Brauchtum mit jährlich wiederkehrenden Traditionsveranstaltungen.

Herauszuheben sind aber auch die attraktiven Freizeitziele, die für Spannung und Abwechslung sorgen. Dazu gehören Naturdenkmäler und Aussichtspunkte ebenso wie zahlreiche besonders schöne Wanderwege und Fahrradrouten. Und natürlich auch stattliche Gasthöfe und ge-

mütliche Biergärten sowie Freizeitparks, Erlebnisbäder und Freilichtmuseen.

Aus diesem reichen Fundus picken wir für dieses Buch gewissermaßen die »Rosinen« heraus, also jene Attraktionen, die nicht nur sehens- oder besuchenswert, sondern in ihrer Art einzigartig sind – in der Region, in Deutschland oder sogar in der Welt. Dabei spielt es keine Rolle, ob diese Einzigartigkeit zweifelsfrei nachgewiesen ist oder nur im Volksmund behauptet wird. Immer handelt es sich um herausragende Ziele, die einen weiten Umweg oder einen eigenen Ausflug wert sind. Unzutreffend wäre hier die Annahme, eine solche Zusammenstellung sei aus Sensationslust unternommen worden. Vielmehr soll dabei auf einmalige Sehenswürdigkeiten aufmerksam gemacht werden, an denen man sonst vielleicht achtlos vorbeigeht. Nur was man weiß, sieht man auch! Außerdem will dieses Buch mit Hilfe der Superlative moti-

Zu den Superlativen dieses Buches gehören auch einzigartige Landschaftsbilder, wie im Kaisertal nahe der Antoniuskapelle (unten) oder wie auf der Hochstraße in Mittenwald mit Blick über die Buckelwiesen auf das Wettersteingebirge (oben).

Urige Wirtshausatmosphäre unter Gewölben im Bräustüberl Tegernsee, der bekanntesten Einkehr der Region

Rechte Seite: Er ist der größte oberbayerische Gebirgssee und neben dem Königssee auch der tiefste: der Walchensee, beliebt vor allem bei Surfern wegen seiner beständigen Winde.

vieren, nicht jedes Wochenende an den gleichen Ort zu fahren, sondern auch mal zu neuen Zielen aufzubrechen.

Die Attraktionen verteilen sich über das ganze oberbayerische Alpenvorland und liegen in Regionen mit klangvollen Namen. Neben der Landeshauptstadt München und ihrem Umland zählen dazu der Inn-Salzachgau, der Rupertiwinkel und das Berchtesgadener Land, ebenso der Chiemgau, das Inntal und die Ferienregion um den Tegernsee und den Wendelstein, schließlich das Tölzer- und Werdenfelser Land, der Pfaffenwinkel und die Ammersee-/Lechregion.

Um sich mit dem Buch leicht zu tun, gilt es einige Hinweise zu beachten. So wird stets ein Ausgangspunkt angegeben, an dem der eigentliche Ausflug beginnt. Wenn Sie mit der Bahn anreisen, erfahren Sie die Fahrzeiten der Züge am besten über Telefon 1 18 61. Was die Ruhetage der Gasthöfe betrifft, gelten diese vornehmlich für das Sommerhalbjahr, können aber auch im Winter Gültigkeit haben. Das trifft auch für Einrichtungen wie Museen oder Schlösser zu, deren Öffnungszeiten jeweils in Klammern gesetzt sind.

Und nun wünschen Ihnen Verlag und Autor spannende Ausflüge und möglichst viele überraschende Erlebnisse!

Karten-Legende

Autobahnen
Bundes- und Hauptstraßen
Verbindungsstraßen
Nebenstraßen
Schotterwege
Eisenbahn
Autoroute
Fahrradroute
Wanderroute

Ⓐ Ⓔ Anfangs- und Endpunkt der Routen
Empfohlene Fahr- bzw. Laufrichtung
S-Bahnstation, Flugplatz
Schloss/Burg, Burgruine
Kirche, Kloster, Museum
Besonderer Anziehungspunkt
Aussichtspunkt
Berg, markante Anhöhe
Wildpark, Tiergehege
Moorgebiet
Gasthof, Alm, Hütte

Die Ausflüge …

1 Glanzlichter in der Münchner City

Wissenswertes

Ausgangspunkt:
Stadtmitte München (Stachus bzw. Marienplatz)
Anfahrt nach München mit Auto/Bahn aus allen Richtungen möglich.

Streckenlängen:
Altstadtrundgang: ca. 7 km.
Marienplatz bis
- Dtsch. Museum: gut 1 km
- Engl. Garten: ca. 1,5 km
- Olympiapark: ca. 5 km (Anfahrt mit U 3)

Blick vom Alten Peter auf die Münchner Altstadt, aus der das Neue Rathaus, der Frauendom und die Theatinerkirche (rechts hinten) herausragen.

Wenn von Höhepunkten im Alpenvorland die Rede ist, gebührt München ein Spitzenplatz. Die Stadt ist vollgepackt mit Attraktionen aller Art, weltbekannten Sehenswürdigkeiten ebenso wie verborgenen und kuriosen Kleinodien. Einige davon berühren wir bei unserem Rundgang, sozusagen als Vorgeschmack auf künftige Stadterkundungen. Und das erwartet Sie unter anderem:

- ★ **das größte technische Museum der Welt;**
- ★ **die weltweit größte innerstädtische Parkanlage;**
- ★ **das kurioseste Museum Deutschlands;**
- ★ **das älteste Wirtshaus Münchens;**
- ★ **das schönste Rokokotheater Europas.**

Ein Bummel durch München. München ist eine umschwärmte Stadt, das belegen auch diverse Titel, die sich um die bayerische Metropole ranken: »Weltstadt mit Herz«, »heimliche Hauptstadt«, »Millionendorf« oder »Stadt der Kunst und Lebensfreude«. Sie alle zielen wohl auf diese einzigartige Mischung von Großstadtflair und behaglicher

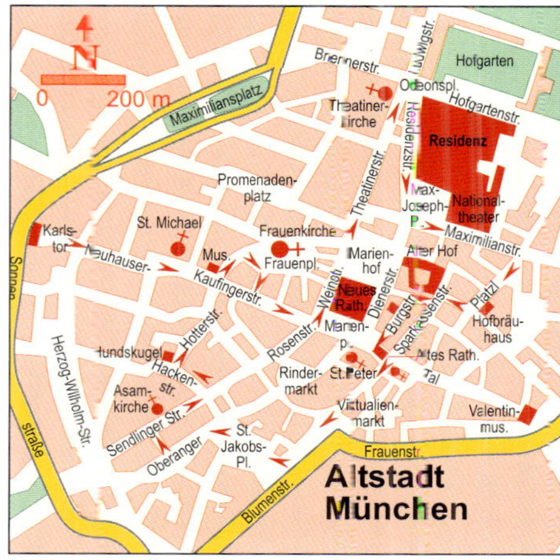

Atmosphäre, wie sie anderswo nicht mehr zu finden ist. So wundert es nicht, dass Europas größtes Immobilien-Magazin BELLEVUE in seinen Städtetests München mehrfach zur Stadt mit der höchsten Lebensqualität in Deutschland gekürt hat.

Im Folgenden wird eine Sammlung von Topzielen in München vorgestellt, und zwar unter dem Blickwinkel »das Schönste, das Älteste, das Größte …«. Dabei bleibt jedem selbst überlassen, welche Punkte er ansteuern möchte, alle an einem Tag geht jedenfalls nicht! Empfehlenswert ist es bei einem ganztägigen Besuch beispielsweise, sein Programm zweizuteilen: vormittags ein Gang durch die Münchner Altstadt, am Nachmittag Abstecher wahlweise zum Englischen Garten, zum Deutschen Museum oder in den Olympiapark.

Altstadtrundgang. Beginnen wollen wir am **Karlstor**, einem aus dem 14. Jahrhundert stammenden Teil der alten Stadtbefestigung. Beim Gang in die Fußgängerzone erreicht man wenig später die **Jesuiterkirche St. Michael**. Im 16. Jahrhundert errichtet und von imponierender Raumwirkung, ist sie eine der größten deutschen Renaissancekirchen und besitzt zudem ein Tonnengewölbe mit über 20 Metern Spannweite, was nach der Peterskirche in Rom Weltrekord ist! Die Kirche birgt Grabmäler unter anderem von Herzog Wilhelm V., Kurfürst Maximilian I. und König Ludwig II.

Am Jagd- und Fischereimuseum beginnt der Altstadtkern aus dem 12./13. Jahrhundert und ein paar Schritte weiter steht man vor der mächtigen spätgotischen **Frauenkirche** von Jörg von Halspach. Sie ist die größte Kirche der Stadt und ihre knapp 100 Meter hohen Türme mit den Welschen Hauben sind das Wahrzeichen Münchens. Die dreischiffige und ganz in Weiß gehaltene Innenhalle mit ihren vielen Seitenkapellen ist mit kostbaren Kunstwerken ausgestattet. Darunter Gemälde von Peter Candid (um 1620) und Jan Polak (um 1510/20), Schnitzwerke von Erasmus Grasser (um 1502), Hans Leinberger (um 1525) und Ignaz Günther (um 1774) sowie Epitaphien von Hans Krumper (um 1620). Unter dem Chor ruhen Wittelsbacher Herrscher und Münchner Kardinäle.

Wir passieren den **Marienplatz** mit dem Alten und Neuen Rathaus und der Mariensäule und gelangen auf der Wein- und Theatinerstraße zum Odeonsplatz. Er wird überragt von der mächtigen **Theatinerkirche**, 1663 bis 1688 von Enrico Zuccalli erbaut und erste Ba-

Stichwörter zur Geschichte Münchens

Das Dorf »Munichen« (9. Jh.) gewinnt ab 1158 Bedeutung, nachdem die Isarbrücke bei Freising zerstört und der Übergang nach Munichen verlegt worden war. 1214 erste Nennung der Stadt, sie geht 1240 in den Besitz der Wittelsbacher über. 1255 wird sie Herzogsresidenz. In den Jahrhunderten danach erlebt München unter den Wittelsbacher Herzögen und den Bayernkönigen Blütezeiten in allen Stilepochen, in denen führende Künstler ihrer Zeit stadtprägende Bauten und Anlagen errichten. Letzter König war Ludwig III., der 1918 abdankt. 1946 wird München Hauptstadt des Freistaates Bayern.

Die Münchner Theatinerkirche, einst Ordenskirche der am Hof wirkenden Theatiner, prägt mit ihrer italienisch anmutenden Barockfassade das Bild am Odeonsplatz.

rockkirche nördlich der Alpen. Wirkung erzielt im majestätischen Innern vor allem das triumphale zum Hochaltar hinstrebende Langhaus mit imposanter Kuppel und üppigem Stuck.

Weiter draußen in der italienisch anmutenden Ludwigstraße steht die **Ludwigskirche** von 1844 mit dem Gemälde »Das Jüngste Gericht« von Peter von Cornelius. Es ist nach Michelangelos »Jüngstem Gericht« in Rom das größte Wandfresko der Welt.

Wir wenden an der Feldherrnhalle und gehen auf der Residenzstraße wieder stadteinwärts. Linkerhand erstreckt sich die über mehrere Jahrhunderte entstandene und von Innenhöfen aufgegliederte Schlossanlage der **Residenz**. Sie war Wohn- und Regierungssitz der Wittelsbacher Herrscher. Ältester Teil der Anlage ist das prunkvoll ausgestattete Antiquarium von 1571, das mit seiner Länge von fast 70 Metern als größter Profanraum der Renaissance gilt. Es wird auch heute noch zu festlichen Anlässen genutzt. Die in Rokokopracht erstrahlenden Raumschöpfungen, wie die Reichen Zimmer oder der Kaisersaal, gehören zum **Residenzmuseum** und können

Das Hofbräuhaus München am Platzl

Die Südfassade der Münchner Residenz, davor das Denkmal des ersten bayerischen Königs Max I. Joseph

vormittags oder nachmittags besichtigt werden. Ein weiterer Glanzpunkt ist die **Schatzkammer**, in der Zierstücke und Kleinodien aus zehn Jahrhunderten zu bewundern sind. Im 18. Jahrhundert entstand das **Alte Residenztheater**, zunächst nur dem Hof vorbehalten, später auch dem Volk zugänglich. Nach den verheerenden Zerstörungen im Zweiten Weltkrieg 1951 neu errichtet, wird heute das Cuvilliés-Theater als schönstes Rokokotheater Europas bezeichnet.

Nun geht es am **Nationaltheater**, einem der führenden Opernhäuser Europas, vorbei und ein Stück die Maximiliansstraße hinauf, die Münchens edelste Einkaufstraße ist. Auf Höhe des Nobelhotels »Vier Jahreszeiten« biegt man Am Kosttor rechts ab und gelangt zum **Hofbräuhaus**. Das im 16. Jahrhundert entstandene, aber erst im 19. Jahrhundert öffentlich zugängliche Wirtshaus soll das berühmteste der Welt sein. So bevölkern den Festsaal auch unzählige Touristen aus aller Herren Länder, während in der Schwemme mit typisch bayerischer Atmosphäre durchaus noch Münchner anzutreffen sind. Im Sommer herrscht im gemütlichen Biergarten Hochbetrieb.

Der Route weiter folgend, passiert man den Alten Hof, der im 13. Jahrhundert erste Residenz der Wittelsbacher war, sowie – in der Burgstraße – den **Weinstadl**, einst Sitz der Stadtschreiberei (1552) und heute ältestes Haus Münchens. Wenn wir den Turm des Alten Rathauses unterquert haben, halten wir einen Moment inne. Am Ende des Straßenzugs Tal steht das Isartor mit dem **Valentinmusäum**. Man könnte es auch das kurioseste Museum Deutschlands nennen. Schon die Öffnungszeiten von 11.01 bis 17.29 Uhr oder der

Münchner Festkalender

Das Münchner Jahr ist prallvoll mit »Events«: Der Faschingszeit und ihren glanzvollen Maskenbällen folgt im März die berühmte »5. Jahreszeit«, also die Starkbierzeit, und wieder sind die Bierhochburgen jeden Abend überfüllt. Während Auer-, Jakobi- und Kirchweihdult steigen, übt sich auch die Kunst im Feiern: Brunnenhofkonzerte, Opernfestspiele, Gemäldeschauen und Freilichttheater. Dann das Oktoberfest, größtes Volksfest der Welt. 16 Tage dauert das Spektakel und zieht Besucher aus aller Welt an. Im Dezember schließlich beherrscht der Christkindlmarkt die Altstadt um den Marienplatz.

Eintrittspreis von 1,99 Euro, aber auch Ausstellungsstücke wie der mit Pelz umhüllte Winterzahnstocher oder der viel zitierte Nagel, an den Karl Valentin seinen Schreinerberuf hängte, lassen einen vergnüglichen Museumsbesuch erwarten.

Ein paar Schritte abseits vom Alten Rathaus breitet sich der **Viktualienmarkt** aus, heute größter Markt Münchens für frische Lebensmittel und Blumen. Ursprünglich war es ein Bauernmarkt rund um den Marienplatz, ab 1807 wurden die Stände auf den Hof des ehemaligen Heiliggeistspitals verlegt. Heute ist die Budenlandschaft ca. drei Hektar groß, wird von über 100 Anbietern bewirtschaftet und bietet Obst und Gemüse, regionale Spezialitäten und internationale Delikatessen. Dementsprechend trifft man dort Gourmets ebenso wie normale Genießer. Beobachten lässt sich das bunte Treiben am besten vom Biergarten in der Mitte des Marktes aus, wo auch sechs Brunnen mit Standfiguren populärer Volkssänger aus München stehen.

Der Viktualienmarkt: Zahlreiche Stände bieten alles, was das Herz begehrt.

Einen Steinwurf entfernt erhebt sich die **Peterskirche**, älteste und volkstümlichste Pfarrkirche der Stadt. Entstanden ist sie im 13. und 14. Jahrhundert, ihre kunstgeschichtlich hochrangige Ausstattung ist barock. An ihr haben unter anderem Erasmus Grasser, Egid Quiriam Asam und Johann Baptist Zimmermann mitgewirkt. Einmalig schön ist der Blick vom »Alten Peter«, dem Turm der Kirche auf München (s. Bild S. 10).

Wir gehen hinüber zur Sendlinger Straße, in der Münchens schönste Rokokokirche, die **Asamkirche**, steht. Erbaut wurde sie von den Gebrüdern Asam und besitzt ihre Glanzpunkte vor allem im Stuck und im Deckengemälde.

Letzte Station unseres Altstadtrundgangs ist die **Hundskugel** in der Hotterstraße. 1440 erbaut, ist sie nicht nur das älteste noch in Betrieb befindliche Münchner Wirtshaus, sondern auch eines der drei ältesten Häuser der Stadt. Das Lokal zeichnet sich durch bayerisches Kolorit, freundlichen Service und gutes Preis-Leistungs-Verhältnis aus. Inhaber war seit 1983 der 2005 verstorbene Münchner Modezar Rudolph Moshammer.

Münchner Biergärten

Zu den beliebtesten Biergärten in und außerhalb der City zählen: Augustinerkeller (Arnulfstr. 52); Viktualienmarkt; Chinesischer Turm und Seehaus am Kleinhesseloher See (beide Engl. Garten); Aumeister (Sondermeierstr. 1); St. Emmeramsmühle (St. Emmeram 41); Grüntal (Grüntal 15); Hirschgarten (Arnulfstr.); Flaucher (Isarauen 8); Großhesseloher Waldwirtschaft.

Im Englischen Garten. Wenn Sie der Stadtrundgang angestrengt hat, ist ein Spaziergang im Englischen Garten der richtige Ausgleich. Er misst knapp vier Quadratkilometer Fläche und ist damit die größte innerstädtische Parkanlage der Welt, noch größer als der Londoner Hyde Park oder der Central Park in New York! Entstanden ist sie Ende des 18. Jahrhunderts auf Initiative des Reichsgrafen von Rumford, angelegt wurde sie vom Gartenarchitekten Sckell. Das Wegenetz des Parks ist knapp 80 Kilometer lang, sein größtes Gewässer ist der Kleinhesseloher See (acht Hektar). Die meistbesuchten Anlaufpunkte sind die Biergärten am Chinesischen Turm (1790) und beim Seehaus am Kleinhesseloher See sowie der Monopterus, ein Rundtempel im griechischen Stil mit Aussicht auf München. Wie beliebt der Park ist, zeigen rund dreieinhalb Millionen Besucher pro Jahr.

Besuch im Deutschen Museum. Es war im Juni 1903, als auf Initiative Oskar v. Millers das Deutsche Museum gegründet wurde. Heute ist es das größte technisch-naturwissenschaftliche Museum der Welt: 55 Ausstellungen auf 50 000 Quadratmeter Fläche. Historische Originale (z. B. erstes Auto, erstes Telefon) und zahllose Exponate und Modelle vom Bergbau über Maschinen, Fahr- bzw. Flugzeuge und Schiffe aller Art bis hin zur Computertechnik und Raumfahrt bieten

Nach langem Spaziergang im Englischen Garten lockt das Seehaus am Kleinhesseloher See mit seinem behaglichen Biergarten direkt am Ufer.

■ Einkehr

Im Altstadtbereich stehen u. a. zur Auswahl: **Augustinergaststätten** (Neuhauser Str. 27); **Andechser** am Dom (Weinstr. 7); **Bratwurstherzl** (am Dom und am Viktualienmarkt); **Ratskeller** (Marienplatz); **Zum Spöckmeier** (Rosenstr. 9); **Donisl** (Weinstr. 1); **Pfälzer Weinprobierstuben** (Residenzstr. 1); **Spatenhaus** (Residenzstr. 12); **Hofbräuhaus** (Am Platzl); **Weißes Bräuhaus** (Tal 7); **Pfistermühle** (Pfisterstr. 4); **Hackerhaus** (Sendlinger Str. 14); **Hundskugel** (Hotterstr.).

Einblick in fast alle Gebiete der Technik und Naturwissenschaft von den Ursprüngen bis heute. Was dabei besonderen Spaß macht: Viele technische Vorgänge können selbst per Knopfdruck ausgelöst werden. So bringt es das Museum immerhin auf rund eineinhalb Millionen Besucher pro Jahr. Zweigstellen des Deutschen Museums befinden sich auf der Theresienhöhe (Verkehrszentrum) und in Schleißheim (Flugwerft).

Olympiapark. Es ist keineswegs übertrieben, wenn man den für die Olympischen Spiele 1972 angelegten und rund drei Quadratkilometer großen Olympiapark im Norden der Stadt als einen der weltweit schönsten Sportparks bezeichnet. Auf engem Raum bilden herausragende Architektur, Sport, Kultur und Unterhaltung eine einzigartige Mischung, die sich immerhin in fünf Millionen zahlenden Besuchern pro Jahr manifestiert, unzählige Spaziergänger, Jogger und Radler nicht eingerechnet. Highlights des Parks sind das Dreigestirn Olympiastadion, Olympiahalle, Olympiaschwimmhalle, alle überspannt vom weltberühmten Zeltdach, außerdem der 289 Meter hohe Olympia- und Fernsehturm mit Traumaussicht über München bis zur Alpenkette und am Fuß dieser Einrichtungen eine kleine Seenplatte, wo man Boot fahren oder schwimmen kann. Einen wunderbaren Überblick über das Gelände bietet auch der Olympiaberg, der aus Schutt und Trümmern der im Zweiten Weltkrieg zerbombten Stadt entstanden ist.

Birgt die berühmteste technisch-naturwissenschaftliche Sammlung der Welt: das Deutsche Museum in München

Blick über den Olympiasee auf die Stätten der Olympiade 1972: links das Olympiastadion, inzwischen von den Münchner Fußballclubs verschmäht, rechts die Olympiahalle und die Schwimmhalle, alle überspannt vom berühmten Zeltdach.

Öffnungszeiten.

Residenz: täglich 8–18, Do. bis 20 Uhr.
Residenzmuseum: Vormittagsrundgang bis 13.30, Do. bis 14.30, Nachmittagsrundgang ab 13.30, Do. ab 14.30 Uhr.
Schatzkammer: täglich 9–18, Do. bis 20 Uhr.
Cuvilliéstheater: Sommer täglich 9–18, Winter bis 16 Uhr.
Hofbräuhaus: täglich 9–23.30 Uhr.
Valentinmusäum: Mo., Di. und Sa. je 11.01–17.29 Uhr.
Fr. 11.01–21.59 Uhr. So. 10.01–17.29 Uhr.
Viktualienmarkt: Mo.–Fr. 10–18 Uhr, Sa. 10–15 Uhr.
Peterskirche: täglich 7.30–19 Uhr, Mi. 12–17 Uhr.
Alter Peter: Mo.–Sa. 9–19 Uhr, So./Fei. 10–18 Uhr, im Sommer bis 19 Uhr.
Hundskugel: täglich 10–24 Uhr.
Deutsches Museum: täglich 9–17 Uhr, Mittwoch Öffnung einer ausgewählten Abteilung bis 20 Uhr.
Englischer Garten: frei zugänglich.
Olympiapark: frei zugänglich.
Olympiaturm: täglich 9–24 Uhr.

TouristInfo
im Neuen Rathaus, Eingang Marienplatz. Mo.–Fr. 10–20, Sa. 10–16 Uhr.
Tel. 089/2 33-3 02 72/73.
Fremdenverkehrsamt der Stadt München
Tel. 089/2 33-03 00,
www.muenchen-tourist.de

2 Überraschendes am Stadtrand von München

Wissenswertes

■ **Ausgangspunkt** nach eigener Wahl. Kurze Autoanfahrt zu allen beschriebenen Orten.
Bahnanfahrt:
Oberschleißheim: S 1
Keferloh: S 4 bis Haar, dann noch ca. 2 km zu Fuß
Kugleralm: S 5 bis Furth, dann noch ca. 2 km zu Fuß
Tierpark: U 3 oder Bus 52
Blutenburg: S-Bahn bis Pasing, dann ca. 1 km zu Fuß

■ **Streckenlänge:**
Autorundfahrt: ca. 80 km (Oberschleißheim–Blutenburg)

Nicht nur in der City, auch in Außenbezirken und Stadtnähe gibt es Topziele, die in ihrer Art einmalig sind. Sie sprechen Kunstliebhaber ebenso an wie Anhänger bayerischer Wirtshauskultur, aber auch Schnäppchenjäger und Tierfreunde.
Und das erwartet Sie unter anderem:
- ★ **die kostbarste Porzellansammlung der Welt;**
- ★ **Deutschlands größter Antikmarkt;**
- ★ **der beste Gasthof Oberbayerns;**
- ★ **der weltweit erste geografisch angelegte Zoo.**

Edelporzellan in Oberschleißheim. Die repräsentative Barockresidenz in Schleißheim besteht aus drei Schlössern, von denen bei diesem Ausflug vor allem **Schloss Lustheim** im Blickpunkt steht. Es entstand 1685 im Auftrag des Kurfürsten Max Emanuel anlässlich seiner Vermählung mit der österreichischen Kaisertochter Maria Antonia. Ausführender Architekt war Enrico Zuccalli.

Attraktiver Gegenpol zum Neuen Schloss Oberschleißheim ist das kleine Jagdschloss Lustheim, das eine berühmte Porzellansammlung birgt.

Den Festsaal im Innern schmückt ein bedeutender Freskenzyklus um die Jagdgöttin Diana. 1968 stiftete der Industrielle Prof. Dr. Ernst Schneider dem Freistaat Bayern über 2000 alte Meißener Porzellane aus der Zeit um 1710 bis 1763, die in Lustheim ausgestellt sind (Zweigmuseum des Bayer. Nationalmuseums). Sie sind das Prunkstück des Jagd- und Gartenschlösschens und gelten neben den Beständen im Dresdner Zwinger als bedeutendste und kostbarste Sammlung der Welt. Zu sehen sind Geschirre, Tafelaufsätze und Tierfiguren, alles in erstaunlich qualitätsvoller und erlesener Ausführung. Auch das berühmte Schwanenservice des Grafen Heinrich von Brühl, bedeutendstes Meißener Tafelservice, ist mit 25 Teilen vertreten. Offen täglich außer Montag von 9–18, im Winter 10–16 Uhr.

Auf Raritätenjagd in Keferloh. Eine Ausstellung ganz anderer Art findet jeden ersten Sonntag im Monat von 8 bis 17 Uhr beim Gasthof Kreitmair in Keferloh statt: Deutschlands angeblich größter und schönster **Antikmarkt**. Über 500 Aussteller aus ganz Europa bieten Trödel, Tand und Raritäten feil und versuchen ihre »Schmuckstücke« an den Mann zu bringen. Wer nach dem Gedränge und Geschaue erschöpft ist, kann sich im Biergarten des Gasthofs unter Kastanienbäumen niederlassen. Berühmtheit hat auch der so genannte **»Keferloher«** erlangt, ein tönerner Maßkrug, der vor 200 Jahren erfunden wurde und in dem das Bier besonders lange frisch bleibt. Erreicht wird das, indem man beim Brennen der Krüge eine Prise Salz beigibt, wodurch die Krugwand rau wird und so die im Bier enthaltene Kohlensäure in Bläschen an der Wand hängen bleibt.

Eine Radlermaß in der Kugleralm. Mit Krügen hat auch das nächste Ausflugsziel zu tun. Es geht um die Erfindung der Radlermaß. Die Geschichte wurde schon oft erzählt, hört sich aber immer wieder gut an. Zuerst entstand die Kugleralm. Das war 1895. Damals verkaufte Franz Xaver Kugler aus einer behelfsmäßigen Schänke Bier an Gleisarbeiter an der Strecke München–Holzkirchen. Das Geschäft ging so

Einkehr

Oberschleißheim
Schlosswirtschaft
Garten, Mo. Ruhetag
Neukeferloh
Kreitmair
Biergarten, kein Ruhetag
Deisenhofen
Kugleralm
Biergarten, kein Ruhetag
Straßlach
Zum Wildpark
Biergarten, kein Ruhetag
Blutenburg
Schlossschänke
Seeterrasse, kein Ruhetag

gut, dass er bald ein Wirtshaus eröffnete, das sich schnell zu einem viel besuchten Ausflugsziel mauserte. An einem Julitag anno 1922 brannte die Sonne herunter und Franz Xaver Kugler sah seine Bierbestände zur Neige gehen. In höchster Not streckte er das Bier mit süßer Zitronenlimonade im Verhältnis 1:1 und die erste Radlermaß war erfunden. Noch heute sind sie Renner im Ausflugsgeschehen: die Kugleralm wie die Radlermaß.

Mehrfach zum besten Gasthof Oberbayerns gekürt: der Wildpark in Straßlach mit behaglichem Biergarten.

Im Wildpark zu Straßlach. Der gediegene Gasthof ist seit vier Generationen im Familienbesitz und wurde 2004 vom bayerischen Landwirtschaftsministerium zum **besten Gasthof Oberbayerns** gekürt, zum dritten Mal nach 1994 und 1997. Maßgebende Richtschnur beim Wettbewerb »Bayerische Küche« ist die Pflege bayerischer Lebensart, die im Wildpark in mehrfacher Hinsicht zum Ausdruck kommt: behagliche Gasträume, wohlschmeckende Gerichte und ein vorbildlicher Service bis hin zum Wirt selbst, der stets fürsorglich um das Wohl seiner Gäste bemüht ist. Im Sommer lädt der gemütliche Biergarten ein, der sogar Fußbodenheizung besitzt.

Bavaria Filmstadt Geiselgasteig

Auf dem Weg von Grünwald nach Obermenzing passiert man eines der größten Film- und Fernsehstudios Europas und hat Gelegenheit, einen einzigartigen Blick hinter die Kulissen zu werfen. In einer 90-minütigen Führung erlebt man u.a. berühmte Drehorte, Kulissenstraßen, Trick- und Stuntszenen sowie Dekorationen und Requisiten. Auch ein eigener Talentcheck vor laufender Kamera ist möglich. Geöffnet täglich von 9–16, im Winter von 10–15 Uhr.

Zoologische Weltreise in Hellabrunn. Das Besondere am Tierpark Hellabrunn ist, dass er der erste Geozoo der Welt war, als er 1911 gegründet wurde. Die Tiere sind also nach Erdteilen gruppiert. Auf 36 ha in den Isarauen leben insgesamt fast 14 000 Tiere in über 620 Arten. Charakteristisch für Hellabrunn sind große Freianlagen, wo man Tiergemeinschaften wie in freier Wildbahn, also meist ohne Gitter und Zäune, beobachten kann. Höhepunkte sind unter anderem das Dschungelzelt für Großkatzen, das historische Elefantenhaus, die größte Vogelvolière Europas mit Ibissen, Reihern und Störchen, das Polarium mit Pinguinen, Robben und Eisbären sowie das Riesenschildkrötenhaus. Nicht minder fesselnd das Affenhaus mit Totenkopfäffchen, Gorillas und Schimpansen sowie das Aquarium mit seinen Unterwassergärten. Kinder gehen auch gerne ins Streichelgehege am Isareingang, in den Kindertierpark und in die Villa Dracula mit Fledermäusen. Natürlich gibt es auch Kinderspielplätze und ein Restaurant. Insgesamt gehört diese Reise durch den – wie viele meinen – größten und landschaftlich reizvollsten Geopark Europas zu den Highlights im Freizeitangebot. Offen ist der Park täglich von 8–18, im Winter von 9–17 Uhr.

Faszination Blutenburg. Die besonders malerische Ansicht der Burg auf der Würminsel und die kunstgeschichtlich bedeutende Ausstattung ihrer Kirche machen die Anlage in Obermenzing zu einer Sehenswürdigkeit ersten Ranges. Die heutigen Bauten stammen im Wesentlichen aus dem 15./16. Jahrhundert und beherbergen u. a. die Internationale Jugendbibliothek. Bestens erhalten ist die Schlosskirche von 1488, die einen besonders stimmungsvollen Innenraum besitzt: wunderbare spätgotische Altäre (1491) mit Malerei auf goldenen Gründen von Jan Polack, an den Seitenwänden die Zwölf Apostel vom Meister der Blutenburger Apostel und eingelassen in die Wände kostbare Glasbilder. Eine faszinierende spätgotische Komposition von Architektur, Malerei und Plastik, wie sie in dieser Art nicht mehr in und um München zu finden ist.

TouristInfo
Oberschleißheim
Tel. 089/31 56 13 16
Schlossverwaltung
Tel. 089/3 15 87 20
Tierpark Hellabrunn
Tel. 089/62 50 80
www.zoo-munich.de
Blutenburg
Tel. 089/89 12 11-0
www.blutenburg.de

Märchenhafte Ansicht von Schloss Blutenburg, einst Lieblingsdomizil des bayerischen Herzogs Sigismund, der 1488 die Schlosskapelle anbauen ließ.

3 Mit dem Radl nach Landsberg

Wissenswertes

■ **Ausgangspunkt:**
Bahnhof Geltendorf
Autoanfahrt von München
auf A 96 bis Windach, dann nach Geltendorf (ca. 50 km)
Bahnverbindung
S 4 bis Geltendorf

■ **Streckenlänge:**
Radtour: ca. 53 km

Vor Ihnen liegt eine vergnügliche Radtour, die von Geltendorf durch offenes bäuerliches Hügelland ins mittelalterliche Landsberg führt und dabei in und außerhalb der Stadt besondere Attraktionen berührt. Und das erwartet Sie unter anderem:

★ **die schönste gotische Toranlage Süddeutschlands;**
★ **der schönste Profanbau Landsbergs;**
★ **das größte Kinderfest Bayerns;**
★ **das größte Ritterturnier der Welt.**

Vom Bahnhof Geltendorf nach Landsberg. Der Kurs führt – wie aus der Karte zu ersehen – zunächst nach Norden durch Geltendorf und ab Kirche weiter über Hausen und Petzenhofen nach Walleshausen, wo man die vorzüglich ausgestattete Pfarrkirche aufsuchen kann. Dann geht es weiter über Pestenacker und Beuerbach durch das Westerholz hinunter ins Lechtal, wo sich der letzte Abschnitt ab Kaufering entlang des Lechs bis Landsberg landschaftlich und in puncto Radweg als besonders reizvoll erweist.

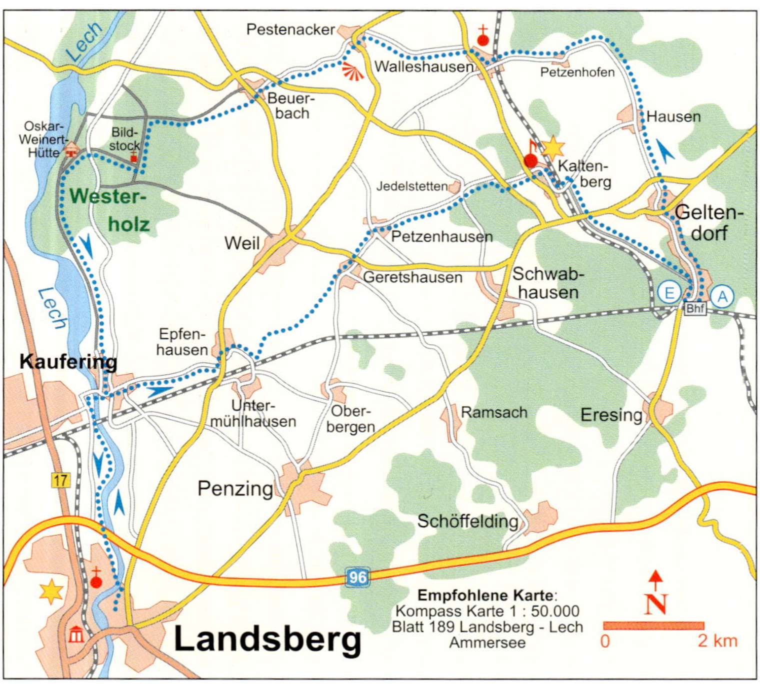

Rundgang in Landsberg. Tore, Türme, malerische Winkel, aber auch prächtige Kirchen und bemerkenswerte Museen, das alles kann die Altstadt aufbieten. Einzigartig ist dabei vor allem das Bayertor von 1425, das als schönste spätgotische Toranlage Süddeutschlands gilt. Auch der malerische Stadtplatz verdient besonderes Interesse. Dort steht der schönste Profanbau der Stadt, das mit einer Stuck-

Die Ostseite des Bayertors (1425) in Landsberg mit steinerner Kreuzgruppe und vier Wappenschilden in Nischen

Schloss Kaltenberg, gegen Ende des 13. Jh. errichtet, ab 1845 im neugotischen Stil umgebaut, alljährlich Schauplatz der Kaltenberger Ritterspiele

fassade von Domenikus Zimmermann (einst Bürgermeister der Stadt und Erbauer der Wieskirche) reich geschmückte Rathaus. Weithin bekannt ist auch das Ruethenfest, das größte Kinderfest Bayerns. Es wird alle vier Jahre im Juli aufgeführt (nächstes 2007). Hunderte von Kindern in historischen Trachten spielen und tanzen Szenen aus Landsbergs Geschichte.

Rückfahrt nach Geltendorf. Wir radeln auf gleicher Strecke zurück nach Kaufering, biegen dann aber am Lech-Ostufer rechts in die Epfenhauser Straße ab und gelangen über Epfenhausen, Geretshausen und Petzenhausen nach **Kaltenberg**. Dort finden alljährlich im Juli die Kaltenberger Ritterspiele statt, in ihrer Art das größte Ritterturnier der Welt. Über 1000 Ritter, Hofdamen und Narren in stilechter Tracht und Ausrüstung versetzen die Besucher ins Mittelalter zurück. Bis zum Bahnhof Geltendorf sind es dann noch rund fünf Kilometer. Gesamtlänge der Tour: 53 Kilometer.

Einkehr

Geltendorf
Alter Wirt
Biergarten, kein Ruhetag
Landsberg
Zum Mohren
Biergarten kein Ruhetag
Zedernbräu
Terrasse, kein Ruhetag
Kaltenberg
Ritterschwemme
Biergarten, Mo. Ruhetag

TouristInfo

Landsberg
Tel. 0 81 91/1 28-2 46/2 45
www.landsberg.de

4 Prachtkirchen im Pfaffenwinkel

Wissenswertes

■ **Ausgangspunkt:**
Kloster Andechs
Autoanfahrt von München
auf A 95/A 952 und Straße Starnberg–Andechs (ca. 50 km)
Bahnverbindung
S 5 bis Herrsching
■ **Streckenlängen:**
Autorundfahrt: ca. 120 km (Andechs–Wessobrunn)
Wanderung: ca. 11 km

Pfaffenwinkel – ein Raum ohne feste Grenzen im Südwesten Oberbayerns bietet Kulturkost in geballter Form. Die Region hält viele schöne Kirchenräume und traditionsreiche alte Klöster für den Besucher bereit. Einige davon stehen heute im Rampenlicht.
Und das erwartet Sie unter anderem:
★ **die älteste Wallfahrt Bayerns;**
★ **der berühmteste Aussichtsberg im Alpenvorland;**
★ **die prächtigste Rokokokirche Oberbayerns;**
★ **die bedeutendste romanische Basilika Süddeutschlands.**

Besuch im Kloster Andechs. Erster Halt ist die älteste Wallfahrt Bayerns und heute noch »eine der bedeutendsten christlichen Stätten« des Landes. Kloster Andechs auf dem Heiligen Berg über dem Ostufer des Ammersees blickt auf eine fast 1000-jährige Geschichte und eine über 600-jährige Wallfahrtstradition zurück. Ziel der Wallfahrt war und ist der Reliquienschatz, der verloren schien, 1388 wiederentdeckt wurde und heute in der Klosterkirche zu besichtigen ist. Die Kirche wurde 1755 erneuert und zählt zu den schönsten Rokokokirchen im Alpenvorland. An ihr haben namhafte Hofkünstler mitgewirkt, so Johann Baptist Zimmermann (Stuck, Fresken, Hochaltar) sowie Johann Baptist Straub (Schnitzfiguren).

Terrasse des Gasthofs Bayerischer Rigi: gepflegte Einkehr und herrliche Fernsicht

Gipfelschau auf dem Hohen Peißenberg. Nun wird über Weilheim und Peißenberg der aussichtsreiche Hohe Peißenberg (988 m Höhe) angesteuert, auch Bayerischer Rigi genannt, der den schönsten Rundblick im Alpenvorland bietet. 200 Kilometer soll die Gebirgskette breit sein, die man einsehen kann,

Nach wie vor Inbegriff barocker Prachtentfaltung: die Wieskirche im Pfaffenwinkel, hier mit Hochaltar, Kanzel und Abtsloge

von den Chiemgauer Alpen über Karwendel und Wetterstein mit Zugspitze bis zu den Ammergauer Alpen. Oben lockt auch der Gasthof Bayerischer Rigi mit Aussichtsterrasse sowie eine Gnadenkapelle und eine Wallfahrtskirche (beide sehr sehenswert).

Rokokopracht in der Wies. Über **Rottenbuch**, wo eine berühmte Basilika mit festlicher Rokokoausstattung steht, geht es zur **Echelsbacher Brücke** und weiter zur Wieskirche. Die über der Ammerschlucht liegende Echelsbacher Brücke gilt als weitestgespannte Bogenbrücke der Welt, jedenfalls was die Konstruktionsart des böhmischen Brückenbauers Melan anbetrifft.

Damit wenden wir uns der **Wieskirche** zu. Sie zählt zu den prunkvollsten Rokokokirchen Bayerns und besitzt abendländischen Kunstrang. Formen und Farben in hellem Licht ergeben bei großartiger Raumharmonie ein glanzvoll-festliches Gesamtbild. Erbaut wurde die Kirche 1745–1757 vom Wessobrunner Domenikus Zimmermann. Sein Bruder Johann Baptist schuf die Deckengemälde und den Stuck. Hervorzuheben sind auch der Hochaltar mit Schnitzfiguren und dem Gnadenbild »Gegeißelter Heiland« sowie die dekorative Kan-

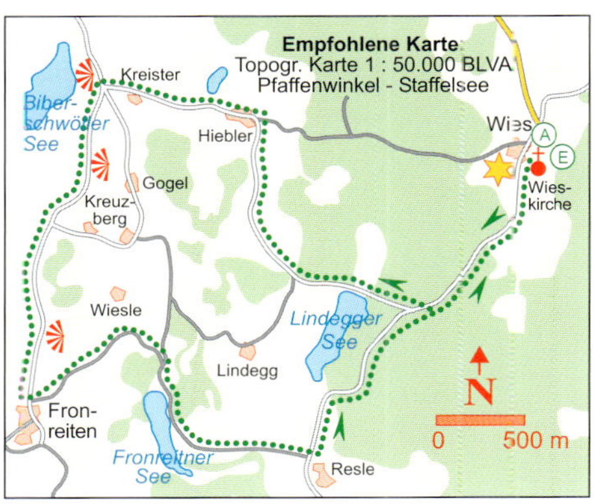

Einkehr

Andechs
Bräustüberl Andechs
Terrasse, kein Ruhetag

Hohenpeißenberg
Bayerischer Rigi
Terrasse, Mo. Ruhetag (bei schönem Wetter nicht)

Wessobrunn
Zur Post
Terrasse, kein Ruhetag

zel mit gegenüberliegender Abtsloge. Die vier Kirchenväter an den Pfeilern und die Plastiken der Seitenaltäre hat der bekannte Füssener Bildhauer Anton Sturm geschaffen, dessen Werke auch in Füssen, Steingaden und Ottobeuren zu bewundern sind.

Die Gewölbebasilika in Altenstadt, eine der wenigen romanischen Kirchen, die nicht barockisiert wurde und heute noch mit reinen romanischen Linien und Formen imponiert.

Wanderung an der Wies. Nach so viel Kunstgenuss folgt jetzt eine wunderschöne Wanderung. Sie bietet Pfaffenwinkel pur: grüne Buckel, verträumte Weiher, schmucke Höfe und herrliche Ausblicke. Start ist an der Wieskirche. Zunächst geht es am Lindegger See vorbei nach Hiebler und Kreisten, dann nach Fronreiten und von dort am Fronreitner See vorbei nach Resle und zur Wieskirche zurück. Macht alles in allem rund elf Kilometer. Einzelheiten zur Strecke können der kleinen Karte auf der vorhergehenden Seite entnommen werden.

Zum »Großen Gott« nach Altenstadt. Wir setzen uns wieder ans Steuer und nehmen Kurs auf Schongau. Als Erstes passiert man **Steingaden**, dessen Klosterkirche ebenfalls zu den Ausnahmekirchen des Pfaffenwinkels zählt. Das umso mehr, als sie viele Stilepochen in sich vereint: Gesamtbau und Westportal romanisch, Vorhalle und Kreuzgewölbe spätgotisch, das Chorgestühl aus der Renaissancezeit, Chor, Altäre und Seitenschiffe sind frühbarock und das Langhaus erstrahlt im Rokokoschmuck. Ein »aufgeschlagenes Buch der Kunststile«.

Nachdem wir die Lechstadt Schongau umfahren haben, erreichen wir **Altenstadt**, also das alte Schongau, wie der Name schon andeutet. Die dortige Pfarrkirche St. Michael stammt aus der Zeit um 1200 und ist die bedeutendste romanische Gewölbebasilika Süddeutschlands. Der Raum ist sparsam ausgestattet, wodurch Linien und Formen der Romanik eindringlich zur Wirkung kommen. Besonders sehenswert ist der an der Decke angebrachte »Große Gott« von Altenstadt, ein drei Meter hoher romanischer Kruzifixus mit ergreifenden Gesichtszügen, des Weiteren ein 1994 entdecktes acht Meter hohes romanisches Wandgemälde »Christophorus mit Jesusknabe«. Dann gibt es noch einen reliefreichen romanischen Taufstein, eine frühgotische Madonna (1330) sowie gotische Fresken im Chor und im Seitenschiff.

Rückfahrt über Wessobrunn. Über Schongau und St. Leonhard treten wir die Rückfahrt nach München an, unterbrechen aber in Wessobrunn noch einmal, weil es zwei Superlative zu würdigen gilt. Zunächst passiert man nach St. Leonhard den **Paterzeller Eibenwald**, der rund 2000 dieser seltenen und kostbaren Bäume enthält und damit als größter Eibenbestand Europas gilt. Eiben werden bis zu 20 Meter hoch und 500 Jahre alt. Ihr Holz ist besonders hart und doch elastisch. Ein Lehrpfad erläutert an zehn Stationen alles Wissenswerte über die Eibe. Start ist am Gasthof Eibenwald (Terrasse, kein Ruhetag).

Eine weitere Besonderheit findet man am Eingang zum Kloster Wessobrunn. Dort ist in einen Stein das so genannte **»Wessobrunner Gebet«** eingemeißelt. Es soll das älteste deutsche Sprachdenkmal mit christlichem Inhalt sein. Aufgezeichnet wurde es vermutlich um 814 von einem Mönch, aber nicht in Wessobrunn, sondern wahrscheinlich in Augsburg oder Regensburg. Die Originalhandschrift wird in der Bayerischen Staatsbibliothek in München aufbewahrt. Grundthema des althochdeutschen Gedichts ist die Schöpfung der Welt und die Überwindung des Bösen.

TouristInfo
Fünfseenland
Tel. 0 81 51/90 60-0
www.sta5.de
Pfaffenwinkel
Tel. 0 88 61/77 73
www.pfaffenwinkel.de

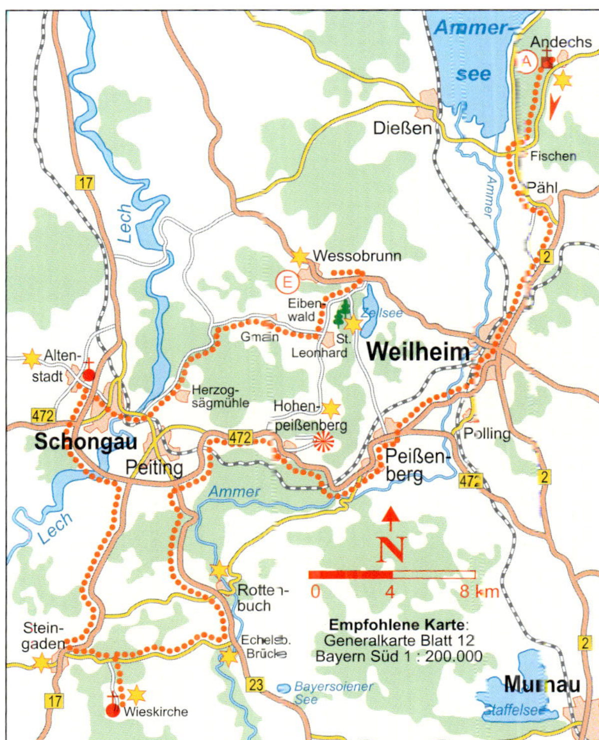

5 Über den Staffelsee nach Linderhof

Wissenswertes

■ **Ausgangspunkt:**
Seehausen am Staffelsee
Autoanfahrt von München
auf A 95 bis Ausfahrt Murnau (ca. 70 km)
Bahnverbindung
München–Murnau–OAG

■ **Streckenlängen:**
Autorundfahrt: ca. 50 km (Murnau–OAG–Linderhof)
Wanderung: gut 9 km

Nach einem Zwischenstopp am Staffelsee geht es weiter in die Ammergauer Alpen, wo wir uns den Besucherschwerpunkten dieser Region zuwenden, nämlich dem schmucken Alpendorf Oberammergau und dem glanzvollen Schloss Linderhof.
Und das erwartet Sie unter anderem:
★ **die einzige Seeprozession Bayerns zu Fronleichnam;**
★ **ein weltberühmter Festspielort im Ammertal;**
★ **die angeblich schönste Blumenwiese am Alpenrand;**
★ **das meistbesuchte Königsschloss Oberbayerns.**

Fronleichnam auf dem Staffelsee. Der Staffelsee ist mit sieben Inseln nicht nur der inselreichste, sondern auch einer der schönsten im Alpenvorland und zudem der einzige See in Bayern, auf dem eine Fronleichnamsprozession stattfindet. Wenn Sie also am Fronleichnamstag fahren, können Sie an diesem Schauspiel teilhaben.
Los geht es früh um 8 Uhr mit einem Gottesdienst in Seehausen. Dann zieht die Prozession zum See, wo der Geistliche, die Kommunionkinder und die Ministranten eine festlich geschmückte Fähre besteigen und – begleitet von vielen Booten – zur Insel Wörth übersetzen. Dort befindet sich einer der vier Altäre am See, an denen mit der Monstranz der Segen gespendet wird.

Üppigen Blumenschmuck in Gärten und an Fassaden trifft man im alpenländischen Dorf Oberammergau des Öfteren an.

Im Bilderbuchdorf Oberammergau. Die hohe Wertschätzung, die das Dorf im eigenen Lande wie auch international genießt, hat mehrere Gründe. Da ist zunächst seine anmutige Lage im Ammertal zu Füßen des markanten Kofel, dazu gehört aber auch das alpenländische Ortsbild mit seinen charakteristischen Merkmalen wie vorspringende Gie-

Seeprozession auf dem Staffelsee: Das Altarboot hat abgelegt und fährt, begleitet von den Klängen einer Kapelle und von vielen kleinen Booten, hinüber zur Insel Wörth.

Einkehr

Seehausen
Zum Stern
Biergarten, Mi. Ruhetag
Oberammergau
Alte Post
Gartenterrasse,
kein Ruhetag
Ettal
Ettaler Mühle
Garten, kein Ruhetag

Blick über das Ammertal Richtung Oberammergau – im Hintergrund der Laberberg und der Kofel

beldächer, bemalte Fassaden und üppiger Blumenschmuck. Die weltweite Bekanntheit aber geht vor allem auf die Passionsspiele und die Holzschnitzerei zurück.

Als anno 1632 die Pest in Oberammergau wütete, gelobten die Bürger, regelmäßig **Passionsspiele** aufzuführen, wenn das Sterben aufhören sollte. Das traf zu und so wurde 1634 erstmals die Passion dargestellt, deren Inhalt die letzten fünf Tage im Leben Jesu sind. In der Folgezeit wurden die Spiele im Wesentlichen alle zehn Jahre veranstaltet, die letzten im Jahr 2000, es war das 40. Spieljahr. Die nächsten Passionspiele sind für 2010 geplant (Führungen durch das Passionstheater Mai–Okt. täglich 10–17 Uhr).

Weltberühmt ist auch die Oberammergauer **Holzschnitzerei**, sie soll bis ins 12. Jahrhundert zurückgehen. Heute gibt es im Dorf rund 120 aktive Holzbildhauer, was sich im Straßenbild mit vielen Holzschnitzläden niederschlägt. Einblick in das Handwerk bieten das Pilatushaus (werktags 13–18 Uhr) und die Schnitzschule (Di. und Do. 9–11 Uhr), wo man Handwerkern bei der Arbeit zusehen kann. Auch im Museum Oberammergau (Di.–So. 10–17 Uhr) sind vor allem Holztechnikwerke und Krippen zu sehen.

Schließlich trägt auch die Lüftlmalerei zum Ruf des Alpendorfes bei. Im 18. Jahrhundert ließen wohlhabende Bürger ihre Hausfassaden mit vorwiegend religiösen Motiven bemalen. Der berühmteste **Lüftlmaler** jener Zeit war Franz Seraph Zwinck (1748–1792), besonders sehenswerte Beispiele seiner Arbeit sind das Pilatushaus, das Mußldomahaus und das Forsthaus.

Wanderung durch das Weidmoos. Bevor wir aufbrechen, noch ein kurzer Abstecher zum **Kloster Ettal**, das 1330 durch Kaiser Ludwig den Bayern gestiftet wurde. Während der Kirchenraum ein Hauptwerk des Rokoko darstellt, das besonders durch die Stuckdekoration und das Kuppelfresko besticht, ist der Chorraum klassizistisch und gilt mit seiner Marmorausstattung und dem hervorragenden Deckenbild als der qualitätsvollste seiner Art in Altbayern.

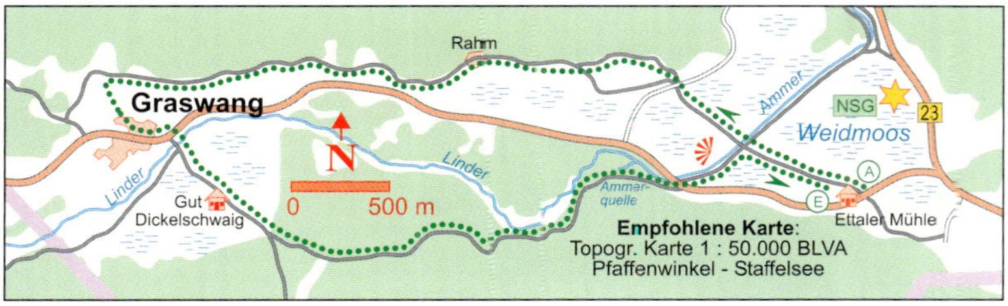

■ **TouristInfo**

Murnau
Tel. 0 88 41/6 14 10/11
www.murnau.de

Oberammergau
Tel. 0 88 22/92 31-0
www.oberammergau.de

Ettal
Tel. 0 88 22/35 34
www.ettal.de

Wir fahren zurück zur Ettaler Mühle und starten dort zur Wanderung (Route siehe Karte). Bemerkenswert ist der Abschnitt durch das Weidmoos, eines der berühmtesten Moore Bayerns und von manchen Botanikern als schönste Blumenwiese am Alpenrand bezeichnet. Entstanden ist es nach der Eiszeit durch Verlandung eines Schmelzwassersees. Gut eineinhalb Quadratkilometer groß, steht es seit 1982 unter Naturschutz und entfaltet im Frühjahr eine wahre Blumenpracht, u. a. mit Orchideenarten, Lungenenzian, Prachtnelke, Mehlprimel und vor allem dem Karlszepter.

Schloss Linderhof, am Fuße der rauen Ammergauer Berge im Graswangtal gelegen, ist das kleinste der Ludwigschlösser, aber nicht minder prunkvoll.

Auf Schloss Linderhof. Richten Sie sich auf großen Andrang ein, denn Linderhof ist das meistbesuchte Schloss Oberbayerns. Einen Besuch ist es allemal wert. Von 1869 bis 1878 für König Ludwig II. anstelle eines Jagdhauses seines Vaters Maximilian II. erbaut, bezieht es seine besondere Anziehungskraft u. a. aus dem Kontrast von abgeschiedener Berglandschaft und der üppigen Prachtentfaltung in Schloss und Schlosspark. Besonders beachtenswert sind die Prunkräume des Schlosses (Führungen April–Sep. tgl. 9–18 Uhr), wie z. B. der Spiegelsaal und im Park die Terrassen, Kaskaden, der Skulpturenschmuck sowie die Venusgrotte und ein maurischer Kiosk.

6 Superlative im Werdenfelser Land

Wissenswertes

Ausgangspunkt:
Garmisch-Partenkirchen
Autoanfahrt von München
auf A 95/B 2 (ca. 120 km)
Bahnverbindung
München–Garmisch P.

Streckenlängen:
Autorundfahrt: ca. 20 km (Ortsmitte Garmisch–Eibsee)
Wanderungen:
Um den Eibsee: ca. 7 km
Im Höllental: ca. 12 km
Hammersbachweg: ca. 5 km

Garmisch-Partenkirchen am Fuße der Zugspitze ist zusammen mit dem Tölzer Land Ausflugsziel Nr. 1 der Münchner. Dazu tragen die traumhafte Lage des Ortes und die Felskulisse des Wettersteingebirges bei, aber auch einzigartige Sehenswürdigkeiten und vielfältige Wandermöglichkeiten. Und das erwartet Sie unter anderem:

- ★ **der berühmteste deutsche Alpenort;**
- ★ **der höchste Berg Deutschlands;**
- ★ **wildromantische Gebirgsschluchten;**
- ★ **der schönste kleine Gebirgssee am Alpenrand.**

Über Garmisch-Partenkirchen. 802 als germanische Siedlung erstmals erwähnt, durchlief der Ort in den folgenden Jahrhunderten eine wechselvolle Geschichte und kam 1802 zu Bayern. Mit der Bahnlinie München–Garmisch setzte ab 1889 der Fremdenverkehr ein. 1935

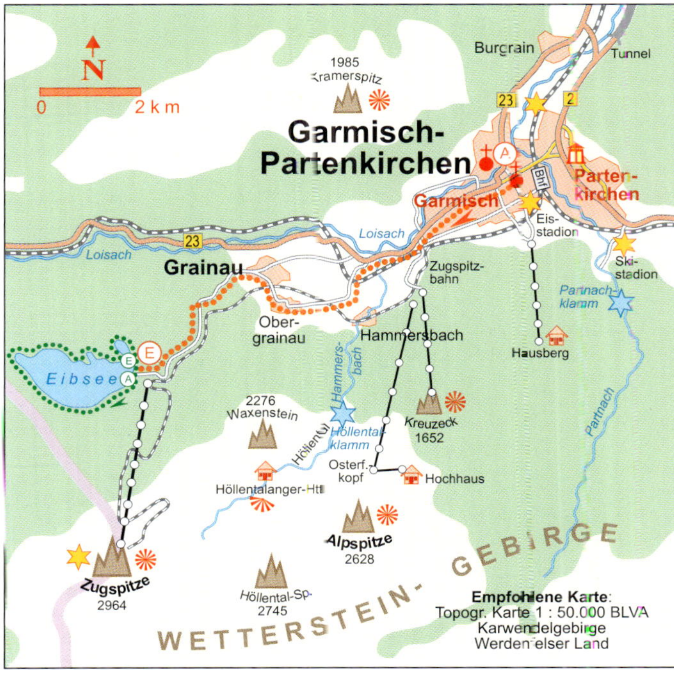

schlossen sich die bis dahin eigenständigen Märkte Garmisch und Partenkirchen zu einem Ort zusammen, bewahrten jedoch ihren Charakter: Garmisch westlich des Bahnhofs als der mondänere Ortsteil, Partenkirchen als der ursprünglichere. Entstanden ist daraus eine reizvolle Mischung von Großstadtflair und bayerischer Tradition. Das Ganze geprägt von alpenländischer Architektur mit Lüftlmalerei und überragt von der mächtigen Felskulisse des Wettersteingebirges.

In unseren Tagen ist Garmisch-Partenkirchen der gefragteste Wintersportplatz in Deutschland, zudem einer der bedeutendsten heilklimatischen Kurorte der bayerischen Alpen und zusammen mit dem Tölzer Land beliebtestes Freizeitziel der Müchner. Seinen internationalen Ruf verdankt es den Olympischen Winterspielen 1936, den alpinen Ski-Weltmeisterschaften 1978 sowie Weltcup-Skirennen und Neujahrs-Skispringen. Er wird noch unterstrichen durch die Mitgliedschaft im Klub »Best of the Alps«, einer Vereinigung von zwölf renommierten Wintersport- und Sommerurlaubsorten wie zum Beispiel St. Moritz, Cortina d'Ampezzo oder Kitzbühel. Allen diesen Top-Orten gemein ist die einzigartige Bergwelt mit weltberühmten Gipfeln wie Montblanc, Matterhorn oder Zugspitze, des Weiteren die Schönheit ihrer Landschaft und nicht zuletzt ein hochklassiges Kultur- und Freizeitangebot, häufig versehen mit einem luxuriösen Anstrich. Sehenswert in Garmisch-Partenkirchen sind unter anderem die beiden Kirchen, die Olympiasportstätten und das angesehene Heimatmuseum (Di.–Fr. 10–13, 15–18, Sa./So. 10–13 Uhr).

Auffahrt zur Zugspitze. Die Auffahrt zur Zugspitze, dem mit 2964 m höchsten Gipfel Deutschlands, ist Krönung eines Besuchs in Garmisch. Von Aufstieg soll hier gar nicht gesprochen werden, denn er bleibt erfahrenen Berggehern vorbehalten. Ab Eibsee kann man mit der Zahnradbahn (35 Min.) oder der Seilbahn (10 Min.) hochfahren.

Einkehr

Garmisch
Clausings Posthotel
Terrasse, kein Ruhetag
Partenkirchen
Fraundorfer
Terrasse, Di. Ruhetag
Eibsee
Eibsee Pavillon
Terrasse, kein Ruhetag

Linke Seite: Blick über die Loisach und die Garmischer Außenbezirke auf das Wettersteinmassiv mit Alpspitze, Höllentalspitzen, Waxenstein und Zugspitze (von links nach rechts)

Im Winter zeigt sich der Rundblick auf der Zugspitze über die glasklare Gipfelwelt fast noch eindrucksvoller als im Sommer, hier mit Blick in Ostrichtung über das Gipfelkreuz und das Reintal hinweg.

Bergeinsamkeit sucht man oben freilich vergebens, denn die Bergkuppe ist mit Gebäuden und Anlagen gänzlich überbaut: Da gibt es drei Bergbahnstationen, eine Wetterstation, das Münchner Haus, Postinstallationen, eine Messstation des Max-Planck-Instituts und natürlich Aussichts- und Sonnenterrassen.

Wenn sich bei Naturfreunden angesichts dieses Bildes und des zeitweise massenhaften Andrangs von Besuchern das Gipfelglück nicht so recht einstellen will, der **Aussicht** tut es keinen Abbruch. Sie ist schlichtweg überwältigend! Nach Norden hin kann der Blick über den Garmischer Kessel bis weit ins Alpenvorland zum Starnberger- und Ammersee hinauswandern, zur Südseite erstreckt sich ein Gipfelmeer, aus dem markante Ketten und Berge herausragen: so unter anderem Kaiser- und Karwendelgebirge sowie die Allgäuer Alpen und weiter draußen in den Zentralalpen die berühmten Bergriesen Großglockner (3797 m) und Großvenediger (3674 m) in den Hohen Tauern sowie der Ortler (3764 m) in der Ortlergruppe. Im Winter ist es fast noch schöner als im Sommer, denn meist herrscht bessere Sicht und die Gipfelwelt zeichnet sich messerscharf gegen den Himmel ab.

Durch die Höllentalklamm. In Garmisch-Partenkirchen gibt es zwei wildromantische Schluchten, nämlich die Höllental- und die Partnachklamm. Beide sind ein Naturschauspiel ersten Ranges. Die Höllentalklamm ist nur im Sommer, die Partnachklamm auch im Winter zugänglich, wo sie in bizarre Eisgebilde gehüllt ist. Im Mittelpunkt der folgenden Bergwanderung steht die Höllentalklamm. 1905 erschlossen, ist sie ca. 1000 m lang und überwindet eine Höhendifferenz von 150 m (Partnachklamm 700 m lang, 50 Hm).
Ab Hammersbach folgt man der Beschilderung und kommt nach einer Stunde an die Klammeingangshütte. Von dort geht es in die düstere Schlucht, wo zwischen steil aufragenden Felswänden das Wasser schäumend und tosend zu Tale stürzt. Über Stege, Stollen und Treppen erreicht man nach rund 45 Minuten den oberen Ausgang. Sehr empfehlenswert ist es, auf dem steilen und steinigen Weg zwei Kilometer weiterzugehen bis zur Höllentalangerhütte, wo sich spektakuläre Aussichten ins Höllental sowie u. a. auf die Waxensteine, die Zugspitze und die Höllentalspitzen bieten.
Zurück geht es auf gleichem Weg. Wer nicht ein zweites Mal durch die Klamm möchte, obwohl sich neue und faszinierende Bilder eröffnen, kann sie auf dem »Stangensteig« umgehen. Er zweigt kurz vor dem oberen Eingang rechts ab, führt über die 73 Meter hohe und 20 Meter lange »Eiserne Brücke« und trifft unterhalb der Klamm wieder auf den Hauptweg. Voraussetzung: Sie müssen trittsicher und schwindelfrei sein.

TouristInfo
Garmisch-Partenkirchen
Tel. 088 21/180-700
www.garmisch-partenkirchen.de

Im August 1905 nach schwierigen Bauarbeiten feierlich eröffnet, ist die Höllentalklamm mit ihren düsteren Schluchtbildern und tosenden Wasserstürzen auch heute noch ein Hauptanziehungspunkt in Garmisch.

Umrundung des Eibsees. Wenn sich an sonnigen Tagen die hochalpine Felskulisse der Zugspitze und des Waxensteinkamms im blaugrünen Wasser spiegelt und auf dem See die Windsurfer mit ihren bunten Segeln dahingleiten,

Der Eibsee in reizvoller Türkisfärbung am Fuß der Zugspitze

beginnt man der Kunde zu glauben, der Eibsee sei der schönste kleine Gebirgssee am Alpenrand. Auf 1000 Meter Höhe gelegen, soll er durch einen riesigen Felssturz entstanden sein. Angenehm ist, dass er wegemäßig erschlossen ist und umwandert werden kann. Diese Wanderung ist sieben Kilometer lang und bietet stellenweise wunderschöne Ausblicke auf den See, seine malerischen Buchten und auf die imposanten Felswände des Wettersteingebirges.

Rechts: Schöner Ausblick auf den Eibsee und die Ammergauer Berge bei der Auffahrt zur Zugspitze

Rechte Seite: Radeln, wandern, spazieren gehen – bei diesem spektakulären Panorama zwischen Garmisch und Hammersbach allemal ein Genuss

Parkspaziergang mit Wettersteinblick. Hier ein letzter Vorschlag für eine Wanderung, die insofern von besonderer Art ist, als sie eines der schönsten Panoramen am Alpenrand bietet. Gemeint ist der Gang von Garmisch nach Hammersbach und das großartige Gebirgsbild mit den Waxensteintürmen und der Alpspitze, die sich über dem parkartigen Wiesengrund mit den alten Holzschuppen erheben. Ausgangspunkt ist die St.-Martin-Straße dort, wo der Hammersbacher Fußweg abgeht.
Einzelheiten zum Routenverlauf entnehmen Sie bitte der Karte rechts.

7 Gebirgsradeln am Fuße der Zugspitze

Wissenswertes

■ Ausgangspunkt:
Ehrwald
Bahnverbindung
München – Garmisch-Partenkirchen – Ehrwald

■ Streckenlängen:
Radtour: ca. 35 km

■ Einkehr
Ehrwald
Grüner Baum
Terrasse, Di. Ruhetag
Leutaschtal
Zur Brücke
Gastgarten, Mi. Ruhetag

■ TouristInfo
Ehrwald
Tel. 00 43/56 73 / 23 95
www.ehrwald.at
Mittenwald
Tel. 0 88 23/3 39 81
www.mittenwald.de

Eine Traumtour: In Ehrwald geht es mit der Kabinenbahn auf 1500 Meter Höhe und dann durch Gaistal und Leutaschtal nach Mittenwald hinunter. Auf der Strecke liegen reizvolle Hochtäler und prachtvolle Gebirgsbilder zwischen Wetterstein und Mieminger Kette.

Hinweise: Empfohlen wird die Anfahrt nach Ehrwald mit der Bahn über Garmisch-Partenkirchen, da die Rückreise Richtung München ab Mittenwald vorgesehen ist. Fahrzeiten der Züge erfahren Sie über Info-Telefon 118 61 (0,60 Euro/Min.). In Ehrwald Auffahrt mit der Almbahn zur Bergstation, dabei Mitnahme des Fahrrads möglich. Info-Telefon über Fahrzeiten: 00 43/56 73/23 09.
Bei der Fahrt zum und im Gaistal stellenweise loser Grobschotter, der entsprechend umsichtiges Fahren erfordert.

Von der Bergstation bis Kirchplatzl. Auf der Bergstation angekommen, geht es den breiten Schotterweg in Ostrichtung hinauf, an der Gabelung nach 300 Metern rechts (Schild Seebensee/Seebenalm) und nach Passieren des Gasthofs **Alpenglühen** einen Anstieg von einem Kilometer hoch zum Scheitelpunkt der Strecke. Ab hier läuft das Rad hinunter zu einer Kreuzung, an der wir links Richtung Iglsee und Leutasch abbiegen. Die nächsten Kilometer führen am Iglsee vorbei durch das

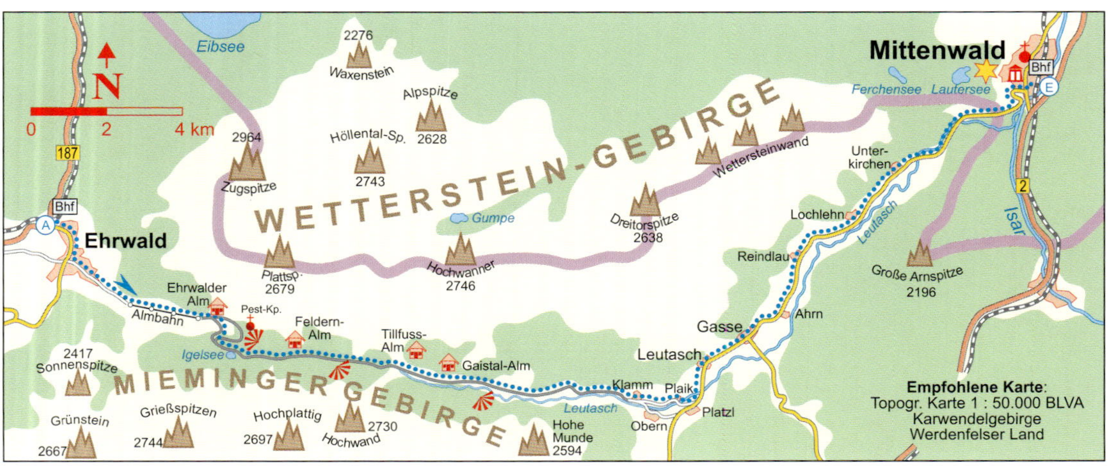

wildromantische Gaistal hinunter bis **Kirchplatzl.** Zu beiden Seiten des Gaistals ragen imposante Felsmassive und Steilwände empor. Die Ausblicke auf dieses großartige Szenario bleiben unvergesslich.

Großartige Landschaft: Links unten die Ehrwalder Alm, über der sich die mächtige Südflanke des Zugspitzmassivs erhebt

Im Leutaschtal nach Mittenwald. Der folgende Abschnitt läuft durch das Tal der Leutascher Ache mit prächtigen Gipfelbildern zu beiden Seiten. 700 Meter nach dem Verkehrsamt in Kirchplatzl biegt man links und nach weiteren 100 Metern rechts zum Ortsteil Gasse und Richtung Mittenwald ab. Nachdem die Gasthöfe Zur Brücke und Mühle passiert sind, geht es am Hochufer der Leutaschklamm rasant hinunter nach Mittenwald. Wenn Sie es nicht eilig haben, können Sie einen Zug später nehmen und noch einen Abstecher zur Leutaschklamm machen.

Der Iglsee vor der Felskulisse der Mieminger Kette

8 Faszinierende Bilder aus Mittenwald

Wissenswertes

■ **Ausgangspunkt:**
Tonihof Mittenwald
auf den Buckelwiesen
Autoanfahrt von München
auf B 11 oder A 95/B 2
(ca. 105 km)
Bahnverbindung
München–Mittenwald

■ **Streckenlängen:**
Autorundfahrt: ca. 15 km
(Tonihof–Scharnitz)
Wanderung: ca. 5 km
Radtour: ca. 30 km

Ein würdiger Abschluss des Obermarktes in Mittenwald: der bemalte Turm der Pfarrkirche St. Peter und Paul

In Mittenwald einen Ausflugstag zu verbringen, ist immer mit besonderen Erlebnissen verbunden. Ob Landschaft, Alpenkulisse, Stadtbild oder Freizeitangebot – überall wird man zum Staunen und Genießen angeregt.
Und das erwartet Sie unter anderem:
★ **die größten Buckelwiesen im nördlichen Alpenraum;**
★ **einmaliges »Doppelpanorama« Karwendel-Wetterstein;**
★ **der bedeutendste Streichinstrumentenbau Deutschlands;**
★ **die einzigartige Isarquelle im Karwendel.**

Genusswandern über die Buckelwiesen. Vier Kilometer nördlich von Mittenwald gelegen, sind die Buckelwiesen – wie der Name schon sagt – eine hügelige Wiesenlandschaft. Diese Restflächen bilden eine naturkundliche Kostbarkeit und gelten als die größten im nördlichen Alpenraum. Die Buckelwiesen sind Blumenwiesen. Bald nach der Schneeschmelze werden sie mit weißen und violetten Krokussen überzogen und im Mai taucht der Enzian die Hänge in ein leuchtendes Blau. Anzutreffen sind auch die Alpenrose, die Dotterblume, der Türkenbund und der Frauenschuh.

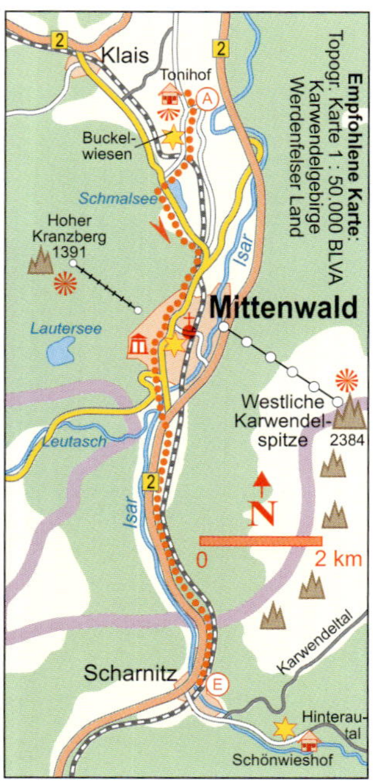

Die Stadt Mittenwald bemüht sich in vorbildlicher Weise um die Erhaltung bzw. Renaturierung der Buckelwiesen als Naturraum und Studienobjekt für umweltbewusste Urlauber und Ausflügler. So werden die Wiesen nur mit der Sense gemäht und von Düngemitteln freigehalten. Diese Bemühungen wurden bereits mit zwei namhaften Auszeichnungen gewürdigt: 1999 mit dem ersten Preis beim »Henry Ford European Conservation Award« in der Kategorie Naturschutz sowie 2001 mit einem Preis der »Internationalen Al-

penschutzkomission CIPRA« in dem von der EU geförderten Wettbewerb »Gemeinde mit Zukunft«.

Ein anderer Aspekt der Buckelwiesen ist nicht minder spektakulär, nämlich die **Aussicht** auf die beiden Gebirgsmassive Karwendel und Wetterstein. Wenn man oben in der Nähe des Gasthofs Tonihof steht und nach Süden blickt, präsentiert sich ein unvergleichliches Landschaftsbild: linkerhand die Westflanke der nördlichen Karwendelkette mit der Westlichen Karwendelspitze (2385 m) als höchstem Punkt, flankiert von Wörner und Tiefkarspitze. Rechts des Isartals die Felsbarriere des Wettersteingebirges, einzusehen auf ganzer Breite von der Wettersteinwand bis zur Zugspitze. Auf der Terrasse des Tonihofs kann man dieses Bild leider nicht mehr genießen, weil der Tonihof nur noch Hotel ist.

Bei so viel landschaftlicher Schönheit drängt sich geradezu eine **Wanderung** auf. Sie ist wegen fehlender markanter

Die Mittenwalder Buckelwiesen – eine naturkundliche Kostbarkeit vor einzigartiger Gebirgskulisse. Hier Blick auf das Westmassiv des Wettersteingebirges mit Alp- und Zugspitze

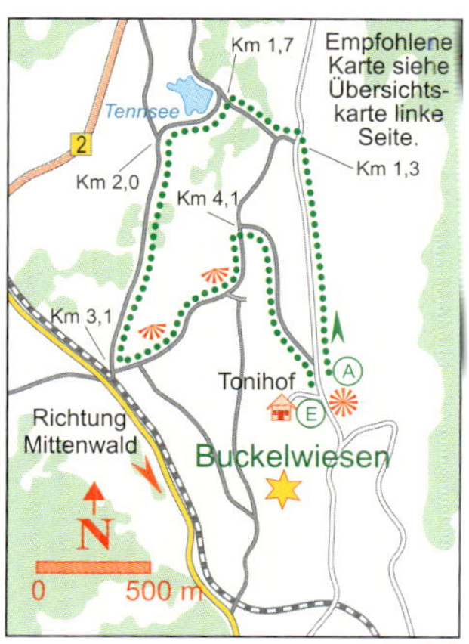

Einkehr

Mittenwald
Alpenrose
Terrasse, kein Ruhetag
Scharnitz
Risserhof
Terrasse, kein Ruhetag
Zur Blauen Traube
Garten, Di. Ruhetag
Hinterautal
Kasten-Alm (Juni–Sept.)
kein Ruhetag

TouristInfo
Mittenwald
Tel. 0 88 23/3 39 81
www.mittenwald.de
Scharnitz/Österreich
Tel. 00 43/52 13/52 70
www.tiscover.at/scharnitz

Punkte nur schwer zu beschreiben, aber mit der Karte auf der vorangehenden Seite leicht nachzuvollziehen (Länge: gut fünf Kilometer). Und sie ist wegen des Naturerlebnisses besonders empfehlenswert!

Rundgang in Mittenwald. Mittenwald wird 1096 erstmals urkundlich erwähnt, erhält 1305 das Marktrecht und begründet Ende des 17. Jahrhunderts neben anderen Gewerbezweigen den Geigenbau. Er sollte die weitere Entwicklung des Marktes maßgeblich mitbestimmen, zumal der berühmte Geigenbauer Matthias Klotz (1653–1743) eine führende Rolle übernimmt. So entsteht durch das Wirken der Familie eine so genannte »Klotzschule« und durch stilprägende Arbeiten anderer Geigenbauer im 18. Jahrhundert eine zweite wichtige Modellreihe. Heute ist Mittenwald eines der zwei bedeutendsten Zentren des Streich- und Zupfinstrumentenbaus in Deutschland. Das kommt auch im Internationalen Geigenbau-Wettbewerb zum Ausdruck, der seit 1989 in Mittenwald alle vier Jahre durchgeführt wird (der nächste 2009). Zurzeit sind in Mittenwald rund ein Dutzend Werkstätten ansässig. Wenn Sie sich eingehender mit dem Geigenbau beschäftigen möchten, ist ein Besuch im Geigenbau- und Heimatmuseum (Mai–Okt. Di.–So. 10–17 Uhr) empfehlenswert.

Panorama vom Lautersee aus: unten das Isartal mit Mittenwald, dahinter die Westflanke des Karwendelgebirges

Das schönste **Straßenbild** in Mittenwald bietet sich beim Rundgang am verkehrsfreien Obermarkt. Alte Bürgerhäuser mit Lüftlmalereien, Blumentröge auf der Straße und der malerische Abschluss des Marktes durch den bemalten Kirchturm vermitteln den Eindruck eines großen behaglichen Wohnzimmers. Sehenswerte Fassadenmalereien findet man unter anderem auch Im Gries, in der Goethestraße und am Untermarkt.

Radeln zur Isarquelle. Die meisten kennen die Isar als Fluss, der ab Mittenwald seine Bahn über Bad Tölz, München und Landshut nach Norden zieht und bei Deggendorf in die Donau mündet. Aber wo kommt die Isar her? Dieser Frage gehen wir heute auf den Grund. Wir radeln zur Isarquelle, was eine der schönsten Touren ist, die man am gesamten Isarlauf unternehmen kann. Sie führt durch ein ursprüngliches Gebirgstal mitten in das Karwendelgebirge zur

spektakulär gelegenen Kasten-Alm. Und Karwendel bedeutet mit den eigenwilligen Lichteffekten und Farbabstufungen sowie kühn aufragenden Felsmassiven stets große landschaftliche Faszination.

Unwirtliche Gebirgsregion, aber faszinierend in ihrer Farb- und Lichtgebung: das Hinterautal im Karwendel mit dem türkisfarbenen Rinnsal der Isar in der Mitte

Gestartet wird in **Scharnitz** an der Kirche und hinaus geht es auf der Hinterautalstraße bei leicht ansteigender Strecke. Einzelheiten müssen nicht beschrieben werden, man folgt stets den Schildern Richtung **Hinterautal.** Beachten Sie ab Kilometer sechs die großartigen Ausblicke und das blaugrüne Band der jungen Isar. Zwei Kilometer vor der Kasten-Alm, die in einem aufregend schönen Hochgebirgskessel liegt, befindet sich ein mit Holzgatter abgetrenntes Areal, in dem die Isarquellen liegen. Auf Tafeln kann man sich näher informieren. Die Tour ist bis zur Kasten-Alm und zurück rund 30 Kilometer lang und von fünf Kilometern meist nur mäßigen Steigungen durchsetzt. Dementsprechend rollt das Radl auf der Rückfahrt oft von alleine.

9 Von Benediktbeuern zum Walchensee

Wissenswertes

Ausgangspunkt:
Kloster Benediktbeuern
Autobahnanfahrt von München auf A 95 bis Sindelsdorf oder B 11 über Wolfratshausen (ca 65 km)
Bahnverbindung
München–Benediktbeuern

Streckenlängen:
Autorundfahrt: ca. 40 km (Benediktbeuern–Glentleiten–Walchensee)
Wanderung 1: ca. 6 km
Wanderung 2: ca. 13 km

Landschaft, Kultur und Technik – die Gegend um das Kocheler Moos kann von allem etwas bieten, und zwar herausragende Objekte. So beginnen wir mit dem altehrwürdigen Kloster in Benediktbeuern und steuern von dort den Kochel- und Walchensee an.
Und das erwartet Sie unter anderem:
- ★ **das älteste Urkloster im bayerischen Alpenvorland;**
- ★ **das größte bäuerliche Freilichtmuseum Oberbayerns;**
- ★ **das größte Hochdruck-Speicher-Kraftwerk der Region;**
- ★ **der tiefste See der bayerischen Alpen.**

Im Kloster Benediktbeuern. Es war im Jahr 739, als das bayerische Uradelsgeschlecht der Huosi und der hl. Bonifatius das Kloster Benediktbeuern gründeten. Somit ist es heute das älteste Urkloster im bayerischen Alpenvorland. Über Jahrhunderte hinweg Benediktinerabtei, wurde die Anlage 1930 von den Salesianern Don Boscos erworben, die sich besonders der Bildung und Erziehung junger Menschen widmen. Deshalb beherbergt das Kloster heute auch zwei einschlägige

Die barocken Doppeltürme der Klosterkirche Benediktbeuern, Wahrzeichen der ganzen Gegend, stehen auch bei der Brotzeit im Biergarten des Klosterstüberls vor Augen.

Hochschulen: die Philosophisch-Theologische Hochschule und die Katholische Stiftungsfachhochschule für Sozialwesen.

Das jetzige Aussehen des Klosters geht auf das letzte Drittel des 17. Jahrhunderts zurück, in dem die Anlage neu errichtet wurde. Wer das Kloster besichtigen möchte, konzentriere sich auf die Klosterkirche, die 1681–1686 neu erbaut wurde und anspruchsvoll ausgestattet ist. Auffallend der üppige Stuck, die Deckengemälde von Hans Georg Asam, der Hochaltar, ein monumentaler Triumphbogenaltar aus rotem Marmor sowie eine Vielzahl von Kapellen, jede von ihnen kostbar eingerichtet. Die schönste und kunstgeschichtlich bedeutendste ist die von außen zugängliche Anastasiakapelle, ein Rokokojuwel (1750–1753) von Johann Michael Fischer. Hier haben berühmte Künstler ihrer Zeit wie Johann Michael Feichtmayr (Stuck), Johann Jakob Zeiller (Deckengemälde), Ignaz Günther (Altar der Immaculata) und Johann Baptist Zimmermann (Altarblatt) Spuren hinterlassen.

Zum Schluss noch der Hinweis auf die Historische Fraunhofer-Glashütte im Kloster, heute ein Museum (tgl. 9–17 Uhr), damals ein mathematisch-optisches Institut, in dem wegweisende Linsen und optische Geräte entwickelt wurden.

Abstecher zum Freilichtmuseum Glentleiten. Sechs Kilometer westlich von Kochel auf einer Anhöhe über dem Kochelsee gelegen, ist das Freilichtmuseum Glentleiten das in seiner Art größte in Oberbayern. Rund 40 ländliche Gebäude aus dem Alpenvorland, die zu verfallen drohten, wurden hierher gebracht und original wiederaufgebaut, darunter Höfe, Ställe, Scheunen, Handwerksbetriebe und sogar Almhütten. Die Räume – Stuben, Küchen, Stallungen und Werkstätten – sind eingerichtet und geben Einblick in die Wohn- und Arbeitswelt früherer Tage. Handwerker verschiedener Zünfte wie Hafner, Wagner oder Schmied demonstrieren alte Handwerkstechniken. So erhält man einen Eindruck nicht nur vom Leben in großen stattlichen Höfen, sondern auch vom äußerst bescheidenen Alltag der Kleinhäusler, Tagelöhner und Handwerker. Das Museum ist offen von April bis

TouristInfo
Benediktbeuern
Tel. 0 88 57/248
www.benediktbeuern.de
Kochel am See
Tel. 0 88 51/338
www.kochel.de
Walchensee (Ort)
Tel. 0 88 58/411
www.walchensee.de

Im Freilichtmuseum Auf der Glentleiten stehen mehr als 40 ländliche Bauten im Originalzustand. Im Bild ein alter Hof aus Kochel, rechts daneben ein kleines Backhäusl.

Oktober täglich außer Montag von 9–18 Uhr, im Juli und August täglich.

Besuch im Walchenseekraftwerk. Noch heute ist das seit 1924 betriebene Walchenseekraftwerk größtes Hochdruck-Speicher-Kraftwerk im Alpenvorland und eines der größten in Deutschland. Seine Grundfunktion: Ausnutzung des Höhenunterschiedes von 200 Metern zwischen Walchen- und Kochelsee zur Gewinnung elektrischer Energie. Das Wasser des Walchensees wird durch sechs Rohre nach unten geleitet und treibt dort Turbinen an. Die Drehbewegung der Turbine wird auf den Generator übertragen, der seinerseits den Strom erzeugt. Das Walchenseekraftwerk ist ein Spitzenlastkraftwerk, das heißt, es erreicht aus dem Stand in Minutenschnelle seine Höchstleistung und arbeitet daher vor allem in Zeiten des Spitzenbedarfs. Im Informationszentrum des Kraftwerks (tgl. 9–17 Uhr) können Sie Näheres erfahren.

Wanderung zum Jochberg. Wenn nach Bergen gefragt wird, die eine grandiose Aussicht bieten und dennoch leicht und schnell zu besteigen sind, muss an vorderster Stelle der Jochberg genannt werden. 1567 Meter hoch, ist er in knapp zwei Stunden zu bezwingen. Die markierte Route startet nahe dem Parkplatz auf der Passhöhe der Kesselbergstraße und führt sogleich steil im Wald nach oben. Dann folgt eine Weggabelung, an der die linke Abzweigung zum Gipfel führt. Die Aussicht ist phänomenal: nach Süden über Karwendel- und Wettersteingebirge bis zu den Zentralalpen, nach Norden bis weit hinaus ins Alpenvorland, wo nicht weniger als sieben große Seen im Blickfeld liegen. Zurück geht es über die Jocher-Alm, wo es zur Brotzeit hervorragenden Südtiroler Speck gibt, zur bereits erwähnten Weggabelung und dann wieder hinunter zur Kesselbergstraße.

An den Ufern des Walchensees. Der Walchensee ist mit 16,4 Quadratkilometern Fläche größter Gebirgssee der Bayerischen Alpen und

Einkehr

Benediktbeuern
Gasthof Klosterstüberl
Biergarten, kein Ruhetag
Kochel
Gasthof »Zur Post«
Biergarten, kein Ruhetag
Glentleiten
Alpengasthof Kreut-Alm
Biergarten, kein Ruhetag
Urfeld
Apart Hotel »Post«
Seeterrasse, kein Ruhetag
Niedernach
Gaststätte Waldschänke
Terrasse, Do. und Fr. Ruhetage

mit bis zu 194 Metern Tiefe neben dem Königssee auch der tiefste. Er glänzt aber auch in anderer Hinsicht. Gerühmt werden seine wunderschönen Licht- und Farbstimmungen, vor allem im Herbst, seine anmutige Lage zwischen den bewaldeten Hängen des Estergebirges und nicht zuletzt sein Wassersportangebot, das besonders von Surfern wegen der beständigen Winde auf dem See geschätzt wird. Außerdem gilt er als besonders geheimnisvoll, ranken sich doch manche Gerüchte über unterirdische Kanäle und versunkene Schätze um den See. Große »Walchensee-Fans« waren unter anderem König Ludwig II. und der Maler Lovis Corinth.

Sattsehen an dem See und seiner Gebirgskulisse können Sie sich bei einer ausnehmend schönen **Wanderung** von Urfeld nach Niedernach, dem reizvollsten, weil verkehrsfreien und ruhigsten Uferabschitt des ganzen Sees. Die Route läuft immer am Ostufer entlang und zeigt an vielen Stellen begeisternde Landschaftsbilder. Nach Einkehr in die Waldschänke geht es auf gleichem Wege wieder zurück, was zusammen eine Strecke von rund 13 Kilometern ergibt.

Aufstieg zum Jochberg im Frühjahr: letzter Schnee, noch keine Vegetation, aber herrlicher Ausblick auf den Walchensee und die Massive des Wettersteins und Karwendels

10 Isarwinkel – Ausflugsregion Nr. 1

Wissenswertes

■ **Ausgangspunkt:**
Marktstraße Bad Tölz
Autoanfahrt von München auf A 8/B 13 oder Straße Grünwald–Tölz (ca. 55 km)
Bahnverbindung:
München–Bad Tölz

■ **Streckenlängen:**
Autorundfahrt: ca. 55 km (Bad Tölz–Hinterriß)
Wanderung: ca. 10 km
Radtour: ca. 30 km

Eine 2002 durchgeführte Studie von ADAC und Tourismusverband Oberbayern zum Ausflugsverhalten der Münchner hat das Tölzer Land (zuzüglich Garmisch) als beliebtestes Ziel ausfindig gemacht. Wir beleuchten ein paar Aspekte, die hier eine Rolle gespielt haben könnten. Und das erwartet Sie unter anderem:

★ **der schönste Straßenzug in Oberbayern;**
★ **die berühmteste Leonhardifahrt im Alpenvorland;**
★ **die längste Sommerrodelbahn Bayerns;**
★ **der reizvollste Naturpark der Osttiroler Alpen.**

Bad Tölz ist eine Reise wert. Zunächst ein paar Schicksalsjahre der Stadt: 1331 verleiht Kaiser Ludwig der Bayer das förmliche Marktrecht, 1453 wird die Stadt durch ein Großfeuer zerstört und wiederaufgebaut, 1846 entdeckt man eine Jodquelle und begründet den Kurbetrieb, 1906 erhält Tölz das Stadtrecht.
Unter den zahlreichen Sehenswürdigkeiten der Kreisstadt interessieren uns heute nur drei, genauer gesagt drei einzigartige: die Marktstraße, das Heimatmuseum und die Leonhardifahrt.

Die **Marktstraße** in der Tölzer Altstadt gehört zu den schönsten Straßenzügen in Oberbayern. Das farbenfrohe Bild prägen geschlossene Reihen behäbiger Geschäfts- und Wohnhäuser (15.–18. Jh.) mit vorspringenden Dächern, barocken Lüftlmalereien und Stuckverzierungen. Hier hat der Münchner Architekt Gabriel von Seidl nach 1900 seine Handschrift hinterlassen. Was den Stuck betrifft, sind vor allem die Häuser an Nr. 13, 42, 43 und 47 sehenswert, kunstvolle Lüftlmalereien schmücken die Fassaden an Nr. 21, 45, 48 sowie 54, 55, 57 und 59. Abgeschlossen wird die Marktstraße oben vom Winzererdenkmal.
Eine andere Attraktion der Stadt ist das **Heimatmuseum** (Di.–So. 10–16 Uhr) im Alten Rathaus. Es gilt als eines der bedeutendsten in Südbayern. Neben handwerklichen Objekten, Waffen, Musikinstrumenten sowie Gemälden und sakraler Kunst liegt der Ruf des Museums vor allem in seiner einzigartigen Sammlung alter geschnitzter und bemalter Bauernmöbel begründet.

Wunderschöner Bauernschrank aus dem Tölzer Heimatmuseum

Die Marktstraße in der Tölzer Altstadt mit bemalten und stuckierten Fassaden unter vorspringenden Dächern

Weithin bekannt ist auch die alljährlich am 6. November stattfindende **Tölzer Leonhardifahrt,** das wohl berühmteste und farbenprächtigste Kirchenfest des Oberlandes. Festlich geschmückte Wagen, besetzt mit Geistlichkeit und Stadtrat, aber auch mit Frauen und Mädchen in Tölzer Tracht, ziehen in Begleitung von Vereinen, Musikkapellen und Reitergruppen unter Glockengeläut zum Kalvarienberg hinauf. Dort werden sie nach einem Festgottesdienst gesegnet und kehren dann in die Stadt zurück. Am Nachmittag findet in der Marktstraße der Wettkampf der »Goaßlschnalzer« statt.

Wandern in den Attenloher Filzen. Ein genussvoller Rundgang, begleitet von weiten Ausblicken auf Isartal und Karwendelgebirge, läuft durch die reizvolle Attenloher Filzlandschaft. Die Route (s. Karte auf Seite 50) führt vom Bahnhof Tölz über Kolping- und Gaißacher Straße hinauf nach Gaißach, dreht dort eine Runde durch die Attenloher Filzen und bringt Sie ab Mühle auf dem Scharwinkelweg und später auf Edelweiß-, Karwendel- und Sonnenleitenstraße zur Marktstraße zurück. Eine willkommene Abwechslung nach so viel Kultur in Bad Tölz.

Zur Zugfolge der Tölzer Leonhardifahrt gehören auch geschmückte Tafelwagen mit Kindern und Frauen.

Sommerrodeln am Blomberghang. Wenn Sie Kinder dabeihaben, ist dieser Abstecher ein Muss! Immerhin handelt es sich um die längste Sommerrodelbahn in Deutschland (1286 m). Ab der Mittelstation der Blombergbahn saust man mit dem Schlitten in einer künstlichen Rinne durch 14 Steilkurven und

Rodeln auch im Sommer: Am Blomberghang bei Bad Tölz ist das möglich, sogar auf der längsten Sommerbahn Deutschlands.

Einkehr

Bad Tölz
Kolberbräu
kein Ruhetag
Grünerbräu
Mo. Ruhetag
Hinterriß
Gasthof zur Post
Terrasse, kein Ruhetag
Eng
Alpengasthof Eng
Terrasse, kein Ruhetag

über 41 Schikanen hinunter ins Tal und lässt dabei 220 Höhenmeter hinter sich. Aber keine Angst: Die Geschwindigkeit des Schlittens, mit dem jeweils ein bis zwei Personen fahren können, lässt sich nach Ihren Bedürfnissen regulieren. Info-Telefon: 0 80 41/37 26.

Mit dem Radl zum Großen Ahornboden. Der Große Ahornboden ist ein Landschaftsschutzgebiet im Alpenpark Karwendel und liegt im Talabschluss des Engtals. Er soll das schönste Hochtal der Ostalpen sein. Faszinierend das Zusammenspiel der Parkregion und der rund 2400 Bergahornbäume mit dem umgebenden Hochgebirgspanorama. 300 bis 600 Jahre sind die Bäume alt, gehen zum Teil schon ein, werden aber durch Junganpflanzung ersetzt.
Wenn wir auf der Fahrt von Bad Tölz über Lenggries, Sylvensteinspeicher und Vorderriß das Dorf Hinterriß auf österreichischer Seite erreicht haben, steigen wir aufs Fahrrad um. Vor uns liegen 14 Kilometer permanent leicht bis mäßig ansteigender Strecke, vor allem an Wochenenden auch mit regem Verkehr verbunden. Ein ziemlich anstrengender Abschnitt also mit rund 250 Höhenmetern, der aber angesichts des Gesamterlebnisses ohne Einschränkung gerechtfertigt ist. Die Route führt am Rißbach entlang auf der einzigen Straße im Tal mitten ins Karwendelgebirge. Gleich nach Hinterriß bie-

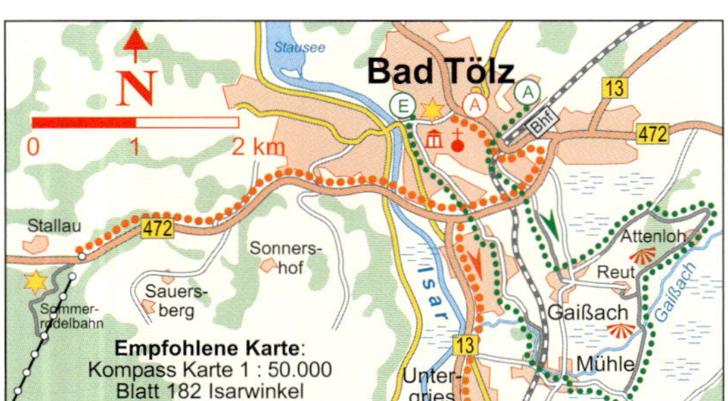

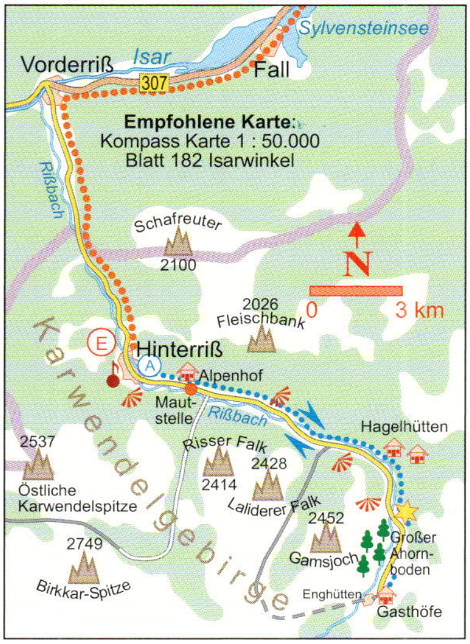

ten sich großartige Ausblicke auf die kühnen Felsgipfel und Flanken des Karwendels. Nach der Mautstelle passiert man die Hagelhütten, die darauf hindeuten, dass hier unversehens schwere Unwetter aufziehen können, dann sind es – bei spektakulären Gebirgsbildern – noch zwei Kilometer bis zum Großen Ahornboden und drei bis zur Eng. Dort sind Sie am Ziel und können sich in einem der Gasthöfe erholen. Die Rückfahrt gehört zur Kategorie »Genussradeln«: Das Rad rollt fast auf ganzer Strecke von alleine, während sich neue Blickwinkel auf das Karwendel eröffnen. Diese Tour werden Sie mit Sicherheit nicht so schnell vergessen!

TouristInfo

Bad Tölz
Tel. 0 80 41/78 67-0
www.bad-toelz.de

Hinterriß/Eng
Tel. 00 43/52 45/250
www.tourismus-tirol.com

Talschluss im Engtal: im Vordergrund die Bergahornbäume des Großen Ahornbodens, im Hintergrund die Felskulisse des Karwendelgebirges mit der markanten Spritzkarspitze

11 Raritäten im Bayerischen Oberland

Wissenswertes

Ausgangspunkt:
Ort Tegernsee
Autoanfahrt von München
auf A 8 und B 318
(ca. 60 km)
Bahnverbindung
München–Tegernsee

Streckenlängen:
Autorundfahrt: ca. 30 km
(Tegernsee–Wendelstein)
Radtour: ca. 53 km

Die Urlaubsregion Tegernsee/Schliersee/Wendelstein liegt in der Gunst der Münchner ganz vorne. Hauptgründe sind die reizvollen Voralpenseen und die Berge mit exzellenten Wandermöglichkeiten. Und das erwartet Sie unter anderem:

- ★ **der beliebteste See Oberbayerns;**
- ★ **eine besonders erlebnisreiche Radtour um die Seen;**
- ★ **die ältesten Kirchenbauten des Leitzachtals;**
- ★ **ein Aussichtsberg mit Superlativen.**

See und Ort Tegernsee. Unsere Rundfahrt beginnt am Tegernsee, der schönster und beliebtester See Oberbayerns sein soll, wofür in der Tat einiges spricht: ausnehmend reizvolle Lage zwischen sanft ansteigenden Vorbergen, Landschaft und Atmosphäre am See sind freundlich und die alpenländisch geprägten Uferorte gepflegt und einladend. Bis 73 Meter ist er tief, sein Umfang beträgt gut 21, seine Länge über

Blick auf den Tegernsee mit Rottach-Egern (unten rechts), Ort Tegernsee (Mitte rechts) und Bad Wiessee (Mitte links)

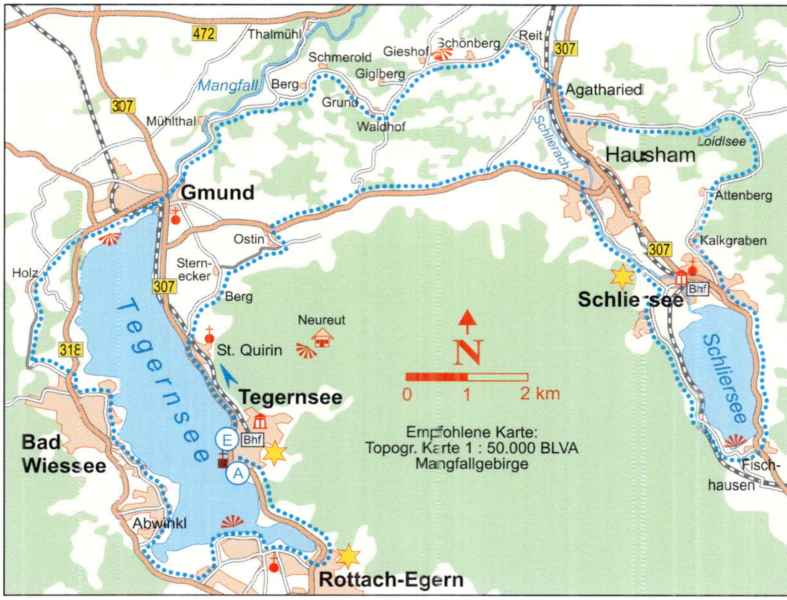

sechs, die Breite bis zwei Kilometer. Der schönste Ausblick auf den See als Ganzes bietet sich vom Wallberg aus.

Der Ort Tegernsee gilt als historisches und kulturelles Zentrum am See. Sein Kloster wurde bereits 746 gegründet und ist damit nach Benediktbeuern älteste Abteigründung im Voralpenland. Heute beherbergt die Anlage ein Gymnasium und das Herzogliche Brauhaus Tegernsee. Zu Letzterem gehört auch das Herzogliche Bräustüberl, das wohl bekannteste Bierlokal am Tegernsee und im Oberland. In den historischen Gewölberäumen sitzt man an langen Holztischen und genießt das zünftige Lokalkolorit.

Radeln durchs Oberland. Um Seen und Oberland näher kennen zu lernen, bietet sich eine Radtour an. Man kommt gut voran und hat trotzdem ein Auge für das Detail. Die folgende Tour ist über 50 km lang, mit einer Reihe von Anstiegen gespickt und trotz alledem ein lohnendes Unterfangen. Bringen Sie genug Zeit mit, machen Sie längere Pausen und pflegen Sie einen ruhigen Fahrstil.

Start erfolgt im Ort Tegernsee. Die Strecke genau zu beschreiben, würde hier den Rahmen sprengen. Ihr Verlauf ist jedoch aus der Skizze oben zu ersehen. Nehmen Sie sich eine gute Karte mit – z. B. die topographische Karte 1:50 000, Blatt Mangfallgebirge – und Sie werden keine Mühe haben, den richtigen Weg zu finden. Hier die wichtigsten Eckpunkte: St. Quirin – Berg – Ostin – markierte Route bis Hausham – Umrundung des Schliersees – Kalkgraben – Attenberg – Agatharied – Reit – Gieshof – Waldhof – Schmerold – Mangfalltal – Gmund – Umrundung des Tegernsees bis Ort Tegernsee. Eine sehr anstrengende Tour, aber auch ein großartiges Erlebnis!

Muttergottesfigur am nördlichen Seitenaltar der Klosterkirche zu Tegernsee

Top-Kirchen in Fischbachau. Auf der Fahrt zum Wendelstein empfiehlt sich ein kurzer Abstecher nach Fischbachau. Dort steht mit der

Einkehr

Tegernsee Ort
Herzogl. Schlossgaststätte
Terrasse, kein Ruhetag
Herzogliches Bräustüberl
kein Ruhetag
Rottach-Egern
Mesner-Gütl
Terrasse, kein Ruhetag
Bad Wiessee
Seegarten
Terrasse, kein Ruhetag
Schliersee
Terofal
Biergarten, kein Ruhetag
Hammer
Café Krugalm
Terrasse, Do. und Fr. Ruhetage
Bayrischzell
Zur Post
Biergarten, kein Ruhetag

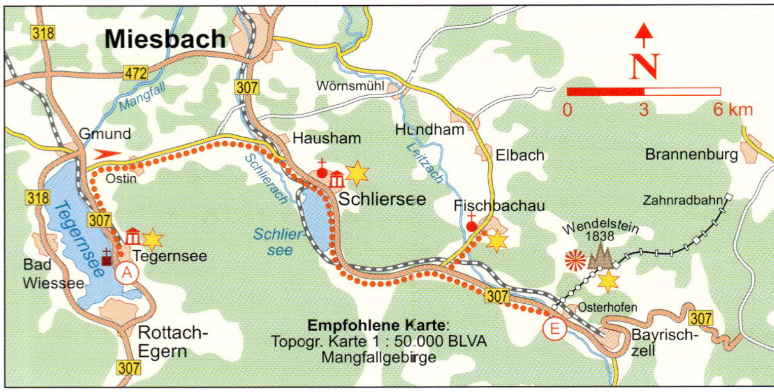

prachtvoll ausgestatteten Pfarrkirche St. Martin (1110) eine der besterhaltenen romanischen Basiliken Oberbayerns und mit der Friedhofskirche Mariä Schutz (1087) gleich neben St. Martin zudem der älteste noch bestehende Kirchenbau des Leitzachtals.

Bergwandern am Wendelstein. Im Sommer ist der 1838 m hohe Wendelstein mit seiner weithin sichtbaren Felskuppe ein sehr beliebter Berg zum Wandern. Die wichtigsten Aufstiegsrouten gehen aus von Osterhofen, Bayrischzell, Brannenburg, Bad Feilnbach und Birkenstein. Das Wendelstein-**Panorama** ist eines der berühmtesten am Alpenrand. An klaren Tagen präsentiert sich eine Gipfelparade, die vom Watzmann im Osten bis zu den Allgäuer Alpen im Westen reicht. Dazwischen die Felsriesen der Hohen Tauern sowie der Zillertaler- und Stubaier Alpen und die markanten Riegel des Kaiser-, Karwendel- und Wettersteingebirges, Letzteres mit der Zugspitze. Zur anderen Seite hin liegt das oberbayerische Alpen-

vorland zu Füßen, an manchen Tagen ist sogar die Kammlinie des Böhmerwaldes zu erkennen.

Der Wendelstein ist noch in anderer Hinsicht ein Berg der Superlative. Da ist einmal die historische Zahnradbahn von Brannenburg zum Gipfel, älteste Hochgebirgszahnradbahn der deutschen Alpen. 1910 gebaut, kommt sie heute nur noch bei besonderen Anlässen zum Einsatz. Den Betrieb hat die 1991 modernisierte **Zahnradbahn** übernommen, die auf der 7,6 Kilometer langen Strecke einen Höhenunterschied von 1217 Metern überwindet und rund 30 Minuten zum Gipfel braucht. Seit 1970 fährt von Osterhofen im Leitzachtal aus eine Großkabinenbahn, die den Weg zum Gipfel in nur sieben Minuten schafft.

Eine andere Rarität ist das **Wendelstein-Kircherl** oberhalb der Bergstation. Es gilt nämlich als höchstgelegene Kirche Deutschlands und noch heute als begehrter Schauplatz für Hochzeiten. Seit 1890, dem Jahr der Weihe, soll dort über 300-mal der Bund fürs Leben geschlossen worden sein. 1927 hatte das Kircherl hohen Besuch: Der päpstliche Nuntius in Bayern, Eugenio Pacelli, der spätere Papst Pius XII., war zum Gipfel gekommen.

Sehenswert sind außerdem die 1864 entdeckte und seit 1921 für Besucher zugängliche **Wendelsteinhöhle**, eine rund 200 Meter lange Kalksteinhöhle mit bizarren Eisbildungen im Innern und der GEO-PARK mit vier Wegen rund um den Gipfel, wo Tafeln die Entstehung und Entwicklung der Alpen erklären. Nicht zu vergessen die **technischen Anlagen** auf der Gipfelkuppe, die freilich den Berg eher verschandeln als seine Schönheit fördern: ein Sonnenobservatorium, eine Wetterwarte und eine Sendestation des Bayerischen Rundfunks. Und natürlich gibt es auch ein **Restaurant** mit großer Terrasse, auf der Sie die Brotzeit mit herrlichem Großglocknerblick verbinden können.

Über blühenden Wiesen und bewaldeten Hängen thront der Felsstock des Wendelsteins, einer der beliebtesten Wanderberge am Alpenrand.

Linke Seite: Friedhofskirche Mariä Schutz in Fischbachau, 1087 geweiht und 1635 barockisiert mit sehenswerter Ausstattung

TouristInfo

Tegernsee Ort
Tel. 0 80 22/18 01-40
www.tegernsee.de
Schliersee Ort
Tel. 0 80 26/60 65-0
www.schliersee.de
Bayrischzell
Tel. 0 80 23/6 48
www.bayrischzell.de

12 Am Inn entlang zum Kaisergebirge

Wissenswertes

Ausgangspunkt:
Neubeuern im Inntal
Autoanfahrt von München auf A 8 oder Staatsstraße Ottobrunn–Rosenheim (ca. 75 km)
Bahnverbindung: keine

Streckenlängen/-zeiten:
Autorundfahrt: ca. 40 km (Neubeuern–Kufstein)
Radtour: ca. 20 km
Wanderungen: Pendling 2,5 Std., Kaisertal 10 km

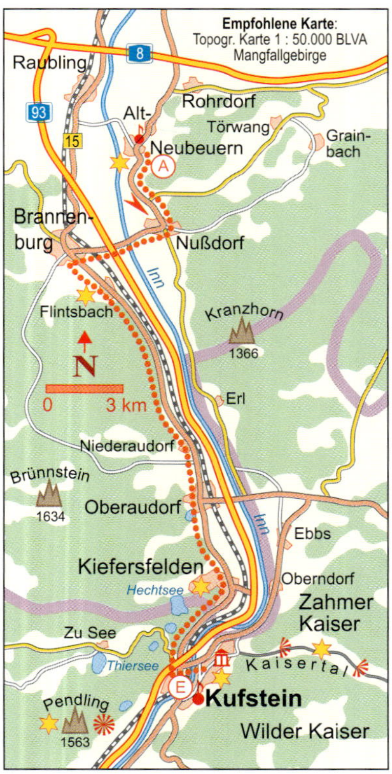

Wir fahren am Inn entlang ein kurzes Stück ins benachbarte Österreich, wobei zwei spektakuläre Gegenpole das Geschehen bestimmen: in Neubeuern der Marktplatz mit seiner filmreifen Kulisse, in Kufstein das markante Kaisergebirge.

Und das erwartet Sie unter anderem:

- ★ **das berühmteste Bierdorf Bayerns;**
- ★ **das schönste alpenländische Dorfbild Oberbayerns;**
- ★ **die ältesten Volkstheater Deutschlands;**
- ★ **der eindrucksvollste Kaiserblick am Alpenrand.**

Anfahrt über Aying und Weihenlinden. Wenn Sie auf der Fahrt nach Neubeuern die Autobahn meiden und stattdessen die Staatsstraße Ottobrunn–Rosenheim nutzen, passieren Sie zwei Dörfer, die besondere Attraktionen bereithalten.

Zunächst **Aying**, oft berühmtestes Bierdorf Bayerns genannt. Und das nicht nur, weil es ein typisch bayerisches Dorf ist, zu dem, wie die Ayinger sagen, immer eine Kirche mit Zwiebelturm, ein Maibaum, alte, blumengeschmückte Bauernhäuser und eine Brauerei mit Gasthof gehören, sondern es ist tatsächlich eine Berühmtheit in Sachen Bier. Ayinger Biere gewinnen Jahr für Jahr Goldmedaillen und ab 1994 wurde die Ayinger Brauerei sogar mehrfach zur »best small brewery of the year«, also zur besten kleinen Brauerei des Jahres gekürt, und zwar in Chicago bei der renommierten World Beer Championship. Natürlich kann man diese Weltklasse-Brauerei auch besichtigen (Anmeldung unter Tel. 0 80 95/88 51) und Einblick nehmen in die Herstellung des Bieres.

Die zweite Zwischenstation ist **Weihenlinden**. Das Besondere dort ist die Wallfahrtskirche Hl. Dreifaltigkeit – aber nicht so sehr die kunstvolle Inneneinrichtung, sondern mehr die in die Kirche integrierte achteckige Gnadenkapelle, eine Kirche in der Kirche also und damit eine sehenswerte Rarität.

Dorfbummel in Neubeuern. 1981 schönstes Dorf Deutschlands und auch 25 Jahre später noch ein höchst erfreulicher

Über einer Gnadenkapelle von 1645 in Weiherlinden wurde 1657 eine dreischiffige Emporenbasilika mit den markanten Doppeltürmen errichtet.

Anblick: das alpenländische Ortsbild von Neubeuern. 1393 zum Markt erhoben, ist das Dorf heute denkmalgeschützt und besitzt einen Marktplatz, der als schönster im Alpenvorland gilt. Besonders schmuck die Lüftlmalereien der umstehenden Häuser, behaglich das Ensemble in der Platzmitte mit dem Floriansbrunnen unter Linden und malerisch die Lage des Dorfkerns zu Füßen des oben thronenden Schlosses. Beim Spaziergang durchs Dorf wähnt man sich in einer gemütlichen Wohnstube.
Hervorzuheben unter den historischen Gebäuden am Marktplatz ist der Gasthof Zum Stangenreiter mit dem Wandbild eines Schiffszuges, des Weiteren das Schiffmeisterhaus neben der Kirche, das Haus des

Malerische Häuserzeile in Neubeuern, aus der vor allem das reich bemalte und blumengeschmückte Verkehrsamt heraussticht.

Das Inntal bei Kiefersfelden, im Sommer eine beliebte Wander- und Radlregion

Verkehrsamtes und – am Münchner Tor – das Beizzöllnerhaus. Dieses Bilderbuchdorf war wiederholt Kulisse für Heimatfilme. Ein romantisches Spektakel läuft alljährlich an einem Juliwochenende ab: Beim berühmten **Lichterfest** sitzen Einheimische und Besucher auf dem Marktplatz zusammen und verbringen den Sommerabend im Schein tausender brennender Kerzen – ein sehr schönes Erlebnis!

Theaterklassiker im Inntal. Wir setzen die Fahrt auf der Westseite des Inn fort und kommen zunächst nach **Flintsbach**. Dort ist das zweitälteste Volkstheater Deutschlands angesiedelt. 1675 gegründet, begann es 1823 mit regelmäßigen Aufführungen und pflegt heutzutage vor allem das bäuerliche Volksstück. Spielzeit ist von Anfang Juni bis Ende August, die Darsteller sind ausnahmslos Bürger der Gemeinde.

Das älteste Dorftheater Deutschlands, schon 1618 ins Leben gerufen, ist in **Kiefersfelden** südlich von Flintsbach beheimatet. Dort wurde 1833 eine neue »Comödihütte« gebaut und fortan für Aufführungen genutzt. Schon damals verlegte man sich auf Ritterspiele, die heute im Juli und August aufgeführt werden und über die Grenzen hinaus bekannt sind.

Dass es eine theaterfreudige Gegend ist, beweist auch der österreichische Ort **Erl** auf der Gegenseite des Inn. Dort bringen seit 1633 Laienschauspieler alle vier Jahre die berühmten Passionsspiele zur Aufführung.

Bergwanderung zum Pendling. Wir verlassen Kiefersfelden und erreichen Kufstein. Nach Unterquerung der Autobahn biegt man rechts Richtung Thiersee ab und fährt in Vorderthiersee beim Pfarrwirt links hinauf zum Gasthaus Schneeberg. Dort beginnt der Aufstieg zum 1563 m hohen Pendling (siehe Karte oben).

TouristInfo
Neubeuern
Tel. 0 80 35/21 65
www.neubeuern.de
Kiefersfelden
Tel. 0 80 33/97 65 27
www.kiefersfelden.de
Kufstein
Tel. 00 43/53 72/6 22 07
www.kufstein.at

Zunächst folgt man 20 Minuten einem Teer-, später Schottersträßchen, dann in einer markanten Rechtskurve links einem steilen Hangweg (beschildert). Er führt in knapp einer Stunde hinauf zu einem Plateau und einer Forststraße, wo man noch einmal 15 Minuten vor zum Gipfelkreuz und zur Pendlinghütte braucht. Wir stehen nun an der steilen Ostflanke des Pendling zum Inntal hin und begeistern uns an der Aussicht. Gut 1000 Meter unter uns das Inntal mit der Stadt Kufstein, nach Süden hin zieht sich das Band des Inn hinaus in die breite Talsenke, dahinter bauen sich die Gipfel der Kitzbüheler- und Zillertaler Alpen auf und noch weiter draußen die Felspyramiden des Großglockners und Großvenedigers in den Hohen Tauern. Der eigentliche Superlativ dieses Panoramas aber ist der Blick auf das Kaisergebirge, der in dieser Perspektive von keinem anderen Punkt der Alpen mehr

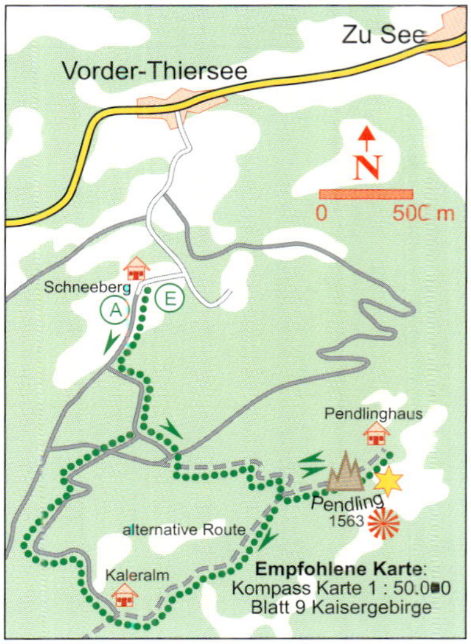

Einkehr

Aying
Brauereigasthof
Garten, kein Ruhetag
Neubeuern
Hofwirt,
Biergarten, Do. Ruhetag
Café Haschl-Alm
Terrasse, Di. Ruhetag
Flintsbach
Falkenstein
Mo. und Di. Ruhetage
Kufstein
Goldener Löwe
Weinhaus Auracher Löchl
beide ohne Ruhetag
Kaisertal
Heurigen-Weinstadl
Gastgarten, Mo. Ruhetag
Alpengasthof Pfandlhof
Terrasse, kein Ruhetag

Einzigartiges Kaiser-Panorama auf dem Pendling: Zahmer Kaiser, Kaisertal und Wilder Kaiser (von links nach rechts) mit der Stadt Kufstein

möglich ist. Wunderbar deutlich liegt der weltberühmte Gebirgszug wie ein Anschauungsmodell gegenüber und gibt seine markante Dreiergliederung frei: links der Zahme Kaiser mit der Pyramidenspitze (1997 m), rechts der Wilde Kaiser mit einer Parade von Felstürmen, die meisten deutlich höher als 2000 Meter. Dazwischen das Kaisertal, eines der schönsten Hochtäler der Ostalpen überhaupt.

Trutzig erhebt sich die Burg in Kufstein über der Stadt und dem Inn.

Wenn wir uns endlich losgerissen haben, kehren wir bei den freundlichen Wirtsleuten der Pendlinghütte ein oder machen uns gleich auf den Rückweg, wer möchte, mit einem Schlenker über die Kaleralm. Der Vorteil dabei ist, dass man die einfacher zu gehende Forststraße mit Ausblicken nach Süden nutzen kann. Bis zum Gasthaus Schneeberg braucht man bei dieser Variante ca. eine Stunde und 15 Minuten.

Blick aus dem Kaisertal in Westrichtung auf die schroffe Steilwand des Pendling

Inn-Radeln ist in. Wenn Sie den Pendling schon kennen oder lieber radeln, ist folgender Alternativvorschlag überlegenswert: Sie setzen sich an der Innbrücke Oberaudorf aufs Radl und fahren immer am Ostufer des Inn nach **Kufstein**. Dort unterbrechen Sie die Radtour und wandern in das reizvolle **Kaisertal** hinauf. Wenn Sie wieder im Tal sind, geht es mit dem Fahrrad nach Oberaudorf zurück. Dieses Unternehmen werden Sie ganz sicher nicht bereuen! Höhepunkt

der Radtour ist die Fahrt am Inn entlang nach Süden: ein komfortabler Uferweg, rechter Hand der majestätische Strom und rundherum Prachtsicht auf Tallandschaft und Zahmen Kaiser. Hin und zurück ist die Tour 20 Kilometer lang.

Nicht minder imponierend der Gang ins Kaisertal. Nachdem die 283 Treppenstufen am Eingang bewältigt sind, steigt der Weg weiter kontinuierlich an. Liegen die Gasthöfe Veitenhof (geschlossen) und Pfandlhof (Do. Ruhetag) hinter uns, zeigen sich aufregend schöne Bilder mit den Felsmassiven des Wilden Kaisers. Auch an der Antoniuskapelle bietet sich ein erhabener Landschaftsrahmen. Wenn Sie hier umkehren, werden es zusammen rund zehn, bis nach Hinterbärenbad immerhin 17 Kilometer. Bedenken Sie jedoch, dass Sie auch noch nach Oberaudorf zurückradeln müssen.

Die Antoniuskapelle vor den Felsstöcken des Wilden Kaisers mit dem Totenkirchl (2190 m) und der Elmauer Halt (2344 m)

13 Radausflug zum Chiemsee

Wissenswertes

Ausgangspunkt:
Prien am Chiemsee
Autoanfahrt von München
auf der A 8 (ca. 80 km)
Bahnverbindung
München–Prien

Streckenlänge:
Radtour: ca. 31 km

Der Chiemsee, größter See Bayerns, ist im Sommer ein Topziel für Radler. Seine »Schokoladenseite« ist die Nordhälfte, etwa von Prien nach Chieming, dort passiert man gepflegte Uferorte und malerische Jachthäfen und hat hinreißende Ausblicke auf See und Berge.

Startpunkt ist Prien, weil der Ort leicht mit der Bahn erreichbar ist, das Auto also daheim bleiben kann. Radeln am Chiemsee ist freilich nicht überall reines Vergnügen: Oft versperrt Böschung die Aussicht, die Uferwege sind vor allem an Wochenenden überfüllt und auf der Südseite des Sees herrschen Lärm und Gestank der Autobahn. Deshalb wählen wir einen Werktag im Frühjahr oder Herbst und entscheiden uns für eine Fahrt an der Nordseite des Sees von Prien nach Chieming. Auf dieser Strecke kommen alle Tugenden des Sees zum Tragen: Auf reizvollen Uferwegen passiert man Strandbäder und verträumte Jachthäfen, dazu bietet sich an vielen Stellen prächtige Sicht auf See und Berge. Eine genaue Beschreibung der Strecke, wie sie aus der Karte rechts zu ersehen ist, erübrigt sich, weil der Weg gut mar-

Herbststimmung über dem Landesteg in Gstadt am Chiemsee. Dahinter die Fraueninsel und die Chiemgauer Berge

kiert ist (»Chiemsee-Rundweg«). Zurück geht es dann von Chieming nach Prien mit dem Schiff (siehe Abschnitt Rückfahrt).

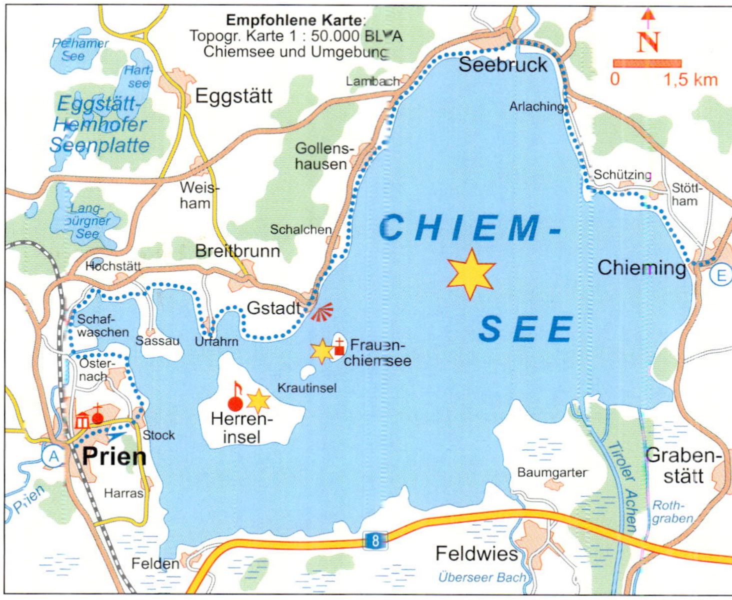

Von Prien nach Gstadt. Nachdem wir uns in Prien umgesehen haben (Kirche, Museum!), radeln wir hinaus nach Stock und drehen dort nach Norden ab. Der Weg verläuft in Ufernähe über Osternach und die Schafwaschener Bucht, dann auf Uferwegen über die Halbinseln Sassau und Urfahrn bis nach Gstadt. Dieser erste Abschnitt ist zugleich auch der schönste: anmutige Landschaft und freie Uferzonen mit reizvollen Ausblicken auf die Inseln des Sees und die Gipfel der Chiemgauer Berge. Das bezaubernde Panorama in Gstadt mit der Fraueninsel und dem Bergpanorama dahinter rechtfertigt eine längere Pause.

Von Gstadt nach Chieming. Jetzt geht es ein Stück an der Straße entlang und vor Schalchen wieder hinunter in Ufernähe, wo wir auf einem Radweg über Gollenshausen nach Seebruck gelangen. Auch dort gibt der Jachthafen mit See und Bergen dahinter ein besonders malerisches Bild ab. Auf der Terrasse des Gasthofs Wassermann lässt sich dieses Panorama vortrefflich genießen. Auch von Seebruck nach Chieming steht uns noch ein komfortabler Weg zur Verfügung, der stellenweise gute Aussicht bietet. Dann erreichen wir unser Ziel Chieming und können uns im Gasthof Unterwirt erholen.

Rückfahrt nach Prien/Stock. Wer Kondition und Lust hat, kann auf gleicher Strecke mit neuem Blickwinkel zurückradeln. Sonst aber erfolgt die Rückfahrt per Schiff. Sie verkehren von Mai bis Oktober täglich mehrmals ab Chieming. Die Fahrzeit beträgt knapp eine Stunde. Fahrtunterbrechung auf den Inseln ist möglich. Die Mitnahme von Rädern ist nicht auf allen Schiffen gestattet, deshalb besser vorher anrufen.

Einkehr

Prien/Stock
Luitpold am See
Terrasse, kein Ruhetag
Lambach
Café Malerwinkel
Terrasse, kein Ruhetag
Gstadt
Café am See
Terrasse, kein Ruhetag
Seebruck
Wassermann
Terrasse, kein Ruhetag
Chieming
Unterwirt
Biergarten, kein Ruhetag

TouristInfo

Prien
Tel. 0 80 51/69 05-0
www.prien.de
Chiemsee-Schifffahrt
Tel. 0 80 51/6 09-0

14 Ein erlebnisreicher Tag im Chiemgau

Wissenswertes

■ **Ausgangspunkt:**
Amerang nördl. Bad Endorf
Autoanfahrt von München auf B 304 (ca. 75 km)
Bahnverbindung nur bis Wasserburg oder Bad Endorf

■ **Streckenlängen:**
Autorundfahrt: 90–100 km (Amerang–Übersee–Simssee)
Radtour: ca. 37 km
Wanderung: ca. 15 km

Der Chiemgau hat einen klangvollen Namen. Die Region rund um den Chiemsee ist für viele der Inbegriff von Oberbayern und vereinigt alles, was Freizeit bereichern kann: reizvolles Hügelland, viele Seen, die Bergkette zum Greifen nahe und zahlreiche attraktive Sehenswürdigkeiten. Und das erwartet Sie unter anderem:

- ★ **der bedeutendste Kirchenbau des Chiemgaus;**
- ★ **die besterhaltene Höhlenburg Deutschlands;**
- ★ **das einzige natürliche Binnendelta in Mitteleuropa;**
- ★ **die besterhaltenen gotischen Fresken Bayerns;**
- ★ **die größte Kunstuhr der Welt.**

Rundgang in Amerang. Ein ganz normales Dorf im Chiemgau, und doch erwarten Sie gleich drei außergewöhnliche Stationen. Zum Ersten das **Schloss Amerang.** 1072 erstmals als Edelsitz erwähnt, erhielt die mittelalterliche Burg um 1570 ihr Prunkstück, einen trapezförmigen, mehrstöckigen Arkadenhof im Renaissancestil, der Art nach heute der größte nördlich der Alpen. Er ist Schauplatz romantischer Sommerabende mit Konzerten, Singspielen oder Sprechtheater. Führungen durch die Innenräume zeigen wertvolle Möbel und Kunstobjekte (bis 9. Juli an Sa./So., ab 9. Juli täglich außer Mo. jeweils 11, 12, 14, 15 und 16 Uhr).

Bauernidylle im Freilichtmuseum Amerang, hier Blick über den Seerosenteich auf den Bartl-Hof von 1671 aus Schnapping

Beachtung verdient auch das **Bauernhausmuseum**, in dem rund 15 alte Höfe und Werkstätten aus Ostoberbayern original wiederaufgebaut und eingerichtet wurden. Sie geben Einblick in bäuerliches Leben und Arbeiten der letzten Jahrhunderte. Der älteste Hof stammt von 1525. (März bis November täglich außer Montag 9 bis 18 Uhr.)

Im **Museum für deutsche Automobilgeschichte** schließlich sind rund 220 deutsche Automobilklassiker ab 1886 zu bestaunen, vom ersten Benz-Motorwagen über Kleinwagen bis hin zu Sportwagen. Ergänzt wird die Ausstellung durch eine große Modelleisenbahn-Anlage und eine umfangreiche Miniatureisenbahnsammlung (März bis Nov. täglich außer Montag 9–18 Uhr).

Radeln zur Ratzinger Höhe. Zum Programm dieser schönen Tour gehören die kleinen verschwiegenen Seen der Eggstätt-Hemhofer-Seenplatte, zwei spektakuläre Aussichtspunkte sowie eine reizvolle Uferfahrt am Chiemsee. Die Route ist aus der umseitigen Skizze zu ersehen. Sie kann hier aus Platzgründen nicht genau beschrieben werden, lässt sich aber in Verbindung mit einer guten Karte, z B. der topographischen Karte 1 : 50 000, Blatt Chiemsee und Umgebung problemlos nachvollziehen.

Die Ratzinger Höhe gilt als schönster Aussichtspunkt im Chiemgau mit Sicht auf den Chiemsee und die Alpenkette.

Von Eggstätt geht es zunächst durch die Eggstätt-Hemhofer-Seenplatte Richtung Stephanskirchen und dann hinauf nach Oberrankham, wo sich ein grandioses Panorama bietet. Die nächsten Stationen sind Hemhof und Rimsting, dann erklimmen wir (ca. 1,4 km Steigung) die Ratzinger Höhe, bekann-

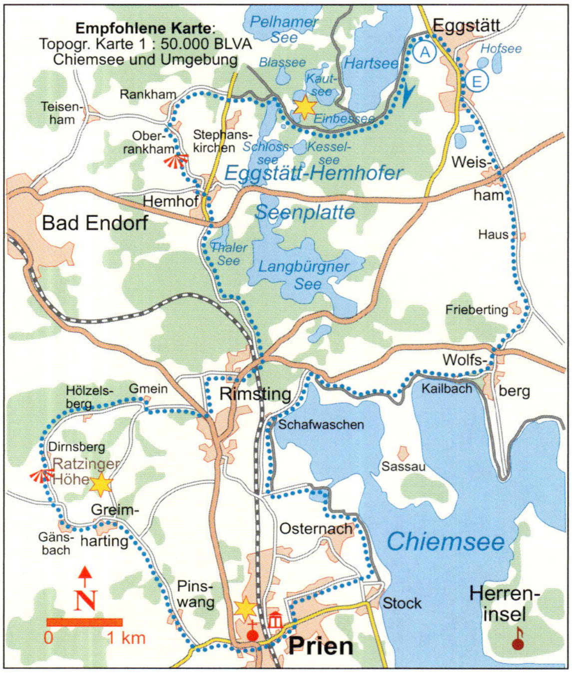

tester Aussichtspunkt des nördlichen Chiemgaus, und radeln drüben hinunter nach Prien. Die Tour setzt sich fort über Stock, dann auf dem »Chiemsee-Uferweg« nach Schafwaschen und weiter über die Halbinsel Sassau bis nach Kailbach. Dort verlassen wir das Ufer, fahren hinauf nach Wolfsberg und weiter über Frieberting und Weisham nach Eggstätt zurück. Etwas Orientierungssinn braucht man schon, aber es ist auch kein Malheur, wenn Sie mal ein Stück von der empfohlenen Strecke abweichen. Wie gesagt, eine genaue Karte sollten Sie auf alle Fälle dabeihaben.

Kurzbesuch im Kloster Seeon. Das Kloster Seeon, eine ehemalige Benediktinerabtei, ist in seiner spektakulären Lage am Klostersee eine Augenweide und Gegenstück zu Höglwörth (siehe Tour 17). Heute ein Bildungszentrum, besitzt Kloster Seeon eine bedeutende Kirche, in der Renaissance-Malereien, uralte Grabsteine und barocke Schnitzfiguren zu den Sehenswürdigkeiten zählen.

Anziehungspunkte in Altenmarkt. Wir fahren weiter nach Altenmarkt und wenden uns dort der einstigen Klosterkirche der

Einkehr

Seeon
Klosterwirt
Biergarten, Mo. und Di. Ruhetage
Zum Alten Wirt
Biergarten, Mi. Ruhetag
Hirschauer Bucht
Hirschauer Bucht
Terrasse, Do. Ruhetag
Übersee
Hinterwirt
Biergarten, Mo. Ruhetag
Weinberg/Simssee
Gocklwirt
Garten, Mo. und Di. Ruhetage

Kloster Seeon am Ufer des gleichnamigen Sees, eines der schönstgelegenen Klöster Oberbayerns

Augustinerchorherren **Maria Baumburg** zu, bedeutendster Sakralbau des Chiemgaus. Obwohl noch romanische Bauteile vorhanden sind, geht die heutige Form und Ausstattung der Kirche im Wesentlichen auf das Jahr 1758 zurück. Im Innern beeindrucken das Zusammenspiel der Fresken mit dem zarten Stuck sowie der mächtige Hochaltar, das alte Chorgestühl und die wertvollen Grabsteine. Ein glanzvoller Rokokoraum!

Zwei Kilometer südlich von Baumburg liegt Stein an der Traun, Standort der besterhaltenen **Höhlenburg** in Deutschland. Eigentlich besteht die Anlage aus drei Schlossteilen: dem Hochschloss oben am Rand der 50 Meter hohen Nagelfluhwand, darunter auf halber Höhe, wie ein Raubvogelnest, die Höhlenburg und unten das heute noch bewohnte Schloss mit einem privaten Gymnasium. Einstündige Rundgänge durch die Burg, begleitet von schaurigen Geschichten des Burgführers, finden von Ostern bis Ende Oktober statt (täglich außer Montag um 13.30 Uhr, Juni bis Sept. auch um 15 Uhr).

Schon von außen ein stattlicher Bau, entfaltet die Kirche Maria Baumburg im Innern eine ungleich größere Pracht. Hervorzuheben sind besonders die Altäre, die Deckengemälde und der feine Stuck.

Höhlenschloss Stein (auf halber Höhe), neben Baumburg eine weitere Attraktion im Raum Altenmarkt

Über 600 Jahre sind diese Malereien in der Jakobuskirche Urschalling alt und zeigen Christus im Heiligenschein und zehn Apostel darunter.

Naturdenkmal Achendelta. An der Südostecke des Chiemsees fließt – aus Österreich kommend – die Tiroler Achen als größter Zufluss in den See. Das Besondere daran ist aber, dass sie im Mündungsbereich ein rund sechs Quadratkilometer großes Delta bildet, das als einziges und bestausgebildetes natürliches Binnendelta Mitteleuropas gilt. Damit stellt es ein Naturdenkmal ersten Ranges dar und steht natürlich unter Naturschutz. Mehr noch, die unmittelbare Deltazone wurde 1987 zur Kernzone erklärt, Betreten also das ganze Jahr über strengstens verboten.

Der Grund sind zahlreiche Vogelarten, die das Gebiet bevölkern, darunter äußerst seltene oder vom Aussterben bedrohte. Um die 100 Vogelarten brüten allein im Auwald des Deltas, 30 von ihnen kommen nur hier vor – z. B. der Flussregenpfeifer, der Eisvogel oder die Flussseeschwalbe. Aber auch die Pflanzenwelt wartet mit Seltenheiten auf, z. B. mit dem Straußfarn, der Sibirischen Schwertlilie und anderen Orchideenarten oder auch der Sumpf-Platterbse. Zwei Stellen gibt es, wo Sie das Delta beobachten können: an der Gaststätte Hirschauer Bucht und von Lachsgang zwei Kilometer nördlich Seethal. Die Tiroler Achen bringt freilich auch Probleme mit sich. Vor ungefähr 10 000 Jahren war der Chiemsee noch 300 Quadratkilometer groß, heute nur noch 80 und er war bis zu 250 Meter tief, heute noch 70. Der Grund ist die fortschreitende Verlandung. Fünf bis zehn Meter jährlich schiebt die Achen ihr Bett in den See hinaus. Nach Berechnungen soll der Chiemsee in rund 10 000 Jahren völlig verlandet sein.

Urdei und Fresken in Urschalling. Das kleine Dorf südlich von Prien ist eine kunstgeschichtliche Berühmtheit, denn sein Kirchlein St. Jakob enthält gotische Wandmalereien (um 1390), die als besterhaltene in Bayern gelten. Erst 1923 zufällig entdeckt, werden in dem Zyklus unter anderem Christus mit den zwölf Aposteln, Szenen aus dem Leben Jesu, ein Dreifaltigkeitsbild, viele Heilige, aber auch Szenen aus dem Leben Mariens dargestellt.
Ab dem 16. Jahrhundert war das Kirchlein sogar Wallfahrtsziel, nachdem die Pilgerfahrt nach Santiago de Compostela aus mehreren Gründen sehr schwierig geworden war und daraufhin mancherorts »eigene Gnadestätten« eingerichtet wurden, so auch in Urschalling. Wenn Sie in dem gemütlichen bayerischen Wirtshaus Mesner-Stub'n (Di. Ruhetag) neben dem Kirchlein einkehren, seien Sie vorsichtig: Der Hausschnaps »Urdei« ist zwar über die Grenzen hinaus bekannt, raubt einem aber ganz schön den Atem. Nichts für zarte Naturen!

TouristInfo
Amerang
Tel. 0 80 75/91 97-0
www.amerang.de
Seeon-Seebruck
Tel. 07 00/73 32 78 25
www.seeon.de
Altenmarkt
Tel. 0 86 21/98 45 16
www.altenmarkt.de
Prien
Tel. 0 80 51/69 05-0
www.prien.de
Tourismusverband Chiemsee e.V
Tel. 08 61/5 82 23
www.chiemgau-tourismus.de

Einkehr beim Gocklwirt. Wir schließen den Tag ab, und zwar beim Gocklwirt in Weinberg an der Südwestecke des Simssees. Er ist nicht nur ein gemütlicher und gepflegter Landgasthof mit guter heimischer Küche, sondern auch eine Art Freilichtmuseum. Draußen stehen alte Weinpressen, Dampfmaschinen und Ähnliches, die Innenräume sind liebevoll mit altem Trödel eingerichtet.
Prunkstück der ganzen Sammlung aber ist die größte Kunstuhr der Welt: volle fünf Meter breit, drei Meter hoch und 25 Zentner schwer. 14 Zifferblätter zeigen Datum, Uhrzeit und Schaltjahre an. Sie besitzt 50 Figuren und enthält 470 Räder und Getriebe. Geschaffen wurde sie 1879 in dreijähriger Bauzeit von einem Bauernsohn, der sich in dieser Zeit völlig von der Außenwelt abgeschlossen hatte. Ein halbes Jahr nach Fertigstellung verstarb der Konstrukteur.

Nicht als Taschenuhr zu gebrauchen: die Kunstuhr beim Gocklwirt in Weinberg misst auf der Frontseite rund 15 Quadratmeter und ist über eine Tonne schwer.

15 Staunenswertes im Inn-Salzachgau

Wissenswertes

■ Ausgangspunkt:
Ortsmitte Altötting
Autoanfahrt ab München auf A 94/B 12 über Mühldorf (ca. 95 km)
Bahnanfahrt München–Altötting

■ Streckenlängen:
Autorundfahrt: ca. 20 km (Altötting–Burghausen)
Wanderung: ca. 13 km

Zwei Höhepunkte enthält der Ausflug: Zum einen den altehrwürdigen Wallfahrtsort Altötting, zum anderen Burghausen, eines der schönsten Städtchen an der Salzach. Die prächtigen Kirchen in Marienberg und Raitenhaslach runden das Programm ab.
Und das erwartet Sie unter anderem:
★ der bedeutendste Marienwallfahrtsort Bayerns;
★ das größte Panoramagemälde in Deutschland;
★ die längste Burganlage in Europa;
★ zwei einzigartige Kirchenräume.

Im Bann der Altöttinger Wallfahrt. Der 1898 zur Stadt erhobene Wallfahrtsort wird das »Herz Bayerns« genannt, einmal seiner Stadtgeschichte wegen, die erstaunliche 1250 Jahre zurückreicht. Damals, als Altötting in das Licht der Geschichte trat, war es ein bedeutender agilolfingischer Herzogshof, später eine karolingische Königspfalz. Zum anderen ist die Stadt stolz auf eine über 500-jährige Wallfahrtstradition. Nach zwei Heilungswundern 1489 setzte eine rege Wallfahrt ein, deren Ziel die aus Lindenholz geschnitzte Marienfigur in der ehemaligen Taufkapelle war. So gilt die Stadt seit Jahrhunderten als geistliches Zentrum und als bedeutendster Marienwallfahrtsort Bayerns. Heutzutage zählt Altötting jährlich über eine Million Pilger und Besucher.

Mittelpunkt der Stadt ist der weiträumige Kapellplatz mit der **Gnadenkapelle**. Sie setzt sich aus der achtecki-

gen ehemaligen Taufkapelle (8. Jh.), dem Herzstück der Anlage, und dem 1494 angebauten Langhaus mit Umgang zusammen. Letzterer enthält rund 2000 Votivtafeln, die zum Teil jahrhundertealt sind. Unwiderstehliche Faszination übt der dunkel ausgekleidete Innenraum der Taufkapelle aus. In der Mitte der Silberschrein mit der »Schwarzen Muttergottes« als Gnadenbild, schwarz deshalb, weil die Marienfigur im Laufe der Jahrhunderte durch Kerzenruß fast völlig geschwärzt wurde, daneben zwei fast lebensgroße Silberfiguren und an der Wand goldgerahmte Vitrinen unter anderem mit Herzurnen Wittelsbacher Herrscher.

Der Kapellplatz in Altötting mit der Gnadenkapelle, bestehend aus Taufkapelle (8. Jh.) und Langhaus, rechts davon die Magdalenenkirche

Sehenswert ist auch die **Stiftskirche St. Philipp und Jakob** am Kapellplatz. Sie wurde 1511 geweiht und besitzt eine vorwiegend klassizistische Einrichtung. Besonderes Augenmerk verdienen die Eichenholzportale (1520), ein Kreuzgang (15. Jh.) mit Grabdenkmälern und der mächtige Hochaltar (1802), aber auch eine Standuhr (16. Jh.) mit einer Holzfigur »Tod von Eding« und besonders die **Schatzkammer** (Sommerhalbjahr Di.–So. 10–12, 14–16 Uhr). Sie enthält erlesene

TouristInfo
Altötting
Tel. 0 86 71 / 30 68
www.altoetting.de
Burghausen
Tel. 0 86 77 / 24 35
www.burghausen.de

Einkehr
Altötting
Zur Post; Garten/Terrasse, kein Ruhetag
Andechser im Schex
Biergarten, kein Ruhetag
Burghausen
Zur Post
Terrasse, kein Ruhetag
Bayerischer Hof
Terrasse, kein Ruhetag
Raitenhaslach
Klostergasthof
Biergarten, kein Ruhetag

Weihegaben, darunter das »Goldene Rössl«, ein Altärchen aus der Hand französischer Goldschmiedekünstler sowie eine einzigartige Rosenkranzsammlung.
Wer genügend Zeit mitbringt, findet in Altötting weitere lohnende Anlaufpunkte: so unter anderem die Magdalenenkirche (1697) an der Ostseite des Kapellplatzes, das **Panorama** (März–Oktober tgl. 9–17 Uhr), das mit ca. 1200 qm größte und einzige historische »Rundblickgemälde« Deutschlands. Des Weiteren die Dioramenschau (Ostern bis Oktober tgl. geöffnet), in der die Wallfahrtsgeschichte Altöttings in dreidimensionalen Großbildern dargestellt wird, und nicht zuletzt das **Wallfahrts- und Heimatmuseum** (April–Oktober tgl. außer Mo. geöffnet), das schwerpunktmäßig Kult- und Andachtsobjekte sowie Weihegaben zur Wallfahrt zeigt.

Festungsromantik in Burghausen. 1025 erstmals als Reichsgut erwähnt, wird die Siedlung Mitte des 13. Jh. Residenzstadt der nieder-

Innerer Schlosshof der Festung in Burghausen mit Bergfried, Innerem Burgtor und Dürnitzbau

Aussicht vom österreichischen Ach aus auf Burghausen mit Inn-Salzach-Häusern, Pfarrkirche St. Jakob und Hauptburg

bayerischen Herzöge. 1307 folgen die Stadtrechte und von 1505 bis 1802 ist Burghausen eine der vier »Regierungsstädte« Bayerns. Der auf Salzhandel gründende Wohlstand geht ab dem 17. Jahrhundert verloren, 1779 kommt das Innviertel an Österreich und Burghausen wird Grenzstadt.

Das heutige **Ortsbild** am Stadtplatz zählt zu den schönsten Oberbayerns: geschlossene Reihen pastellfarbener Stadt- und Wohnbauten im Inn-Salzach-Stil und darüber thront die mächtige Burganlage. Besonders schöne Häuser sind das ehemalige Regierungsgebäude mit Kuppeltürmchen und kurbayerischem Wappen, das ehemalige Palais Tauffkirchen mit Rokoko-Stuckfassade und Allianzwappen, übrigens 1809 Quartier Napoleons, sowie das Rathaus (14./15. Jh.) mit gotischer Halle und Kreuzrippengewölbe im Erdgeschoss. Freunde schöner Kirchenräume finden in der Jakobskirche (1353, alte Grabsteine), der Schutzengelkirche (1731, Altäre und Stuck) sowie der Spitalkirche (1328, Barockausstattung von 1777) lohnende Objekte.

Glanzpunkt und Wahrzeichen Burghausens aber ist seine spätmittelalterliche **Burg**, einen Kilometer lang und damit längste Burganlage in Europa! Beherrschend liegt sie auf dem Höhenrücken zwischen Salzach und Wöhrsee. Beim Gang durch die sechs Innenhöfe bieten sich schöne Ausblicke auf Altstadt und Wöhrsee, während Bauten, Tore und Türme der Burg romantische Bilder abgeben. Am Südende der

Burghausen-Panorama

Den wohl schönsten Blick auf Burghausen und seine Burganlage hat man auf österreichischer Seite von Ach aus. Ab dem Stadtplatz geht es über die Salzach und drüben steil hinauf zum Aussichtspunkt (ca. 500 m einfach).

Pfarrkirche Mariä Himmelfahrt auf dem Marienberg bei Raitenhaslach

Innere Schlosshof (1. Hof), zugleich Hauptburg und ältester Teil der Anlage (1255). Zu diesem malerischen Bauensemble gehören der Fürstenbau (herzogliche Wohnung), der Dürnitz (Speise- und Aufenthaltsraum), die Kemenate (Frauentrakt) und die Elisabeth-Kapelle, älteste gotische Kirche Südbayerns. Außerdem der siebenstöckige Bergfried, ein Kerker und die ehemalige Schatzkammer von 1484.

In der Burg sind auch die Burghausener **Museen** untergebracht. Zunächst zur Burg selbst: Die Außenanlagen sind das ganze Jahr über frei zugänglich. Führungen durch die Burgräume sind möglich (März bis Oktober an Sa./So./Fei. jeweils 11 und 14 Uhr).

Weitere Museen: **Fotomuseum** (April–Oktober Mi.–So. 10–18 Uhr), **Stadtmuseum** u. a. mit den Schwerpunkten Malerei, Plastik, Volkskunst und Handwerk sowie Stadtgeschichte (März, April, Oktober 10–16.30, Mai–September 9–18.30 Uhr). **Kunstgalerie** im Liebenweinturm, **Staatliche Sammlungen** in der Hauptburg mit Malerei der Spätgotik (April–Sept. tgl. 9–12 und 13–17, im Winter 10–12 und 13–16 Uhr). Privates Museum im Folterturm.

Marienberg

Auf dem Marienberg thront die Wallfahrtskirche St. Mariä Himmelfahrt (1764). Sie trägt den Beinamen »Perle des Salzachtals« und gilt als eine der schönsten Rokokokirchen Bayerns. Ob Kuppelfresko, reich verzierte Seitenaltäre und Kanzel mit Abtsloge oder der prächtige Hochaltar (Johann Georg Lindt) in Marmor und Gold mit Gnadenbild – überall großzügiges Interieur und erlesene Kunst!

Wanderung von Burghausen nach Raitenhaslach. Nicht weit von Burghausen, nämlich in Raitenhaslach und Marienberg, stehen zwei Kirchen, die mit ihrer prachtvollen Ausstattung zu den schönsten Sakralräumen Ostbayerns zählen. Eine schöne Wanderung entlang der Salzach verbindet beide Punkte (siehe Karte S. 70, Länge: 13 km).

Los geht es am Stadtplatz in Burghausen und von dort hinunter zur Uferstraße, die in einen Uferweg übergeht. Nach knapp sechs Kilometern strikt entlang der Salzach folgt eine Gabelung, hier rechts hinauf zum Kloster **Raitenhaslach**. Dort gab es von 1146 bis 1803 eine Zisterzienserabtei, deren ehemals romanische Kirche 1694 barock umgestaltet wurde. Sie imponiert noch heute mit wahrer Prachtentfaltung. Besonders sehenswert sind die zehn stilvollen Seitenaltäre, die leuchtenden, von zartgelbem Stuck umspielten Deckenfresken und über 100 Wappenbilder von Adelsleuten, die hier begraben sind. Von einmaliger Schönheit ist der Chorraum: am Eingang ein blauer, kunstvoll geraffter Stuckvorhang und zwei Stuckmarmorsäulen, dahinter der glanzvoll gestaltete Hochaltar mit Marmorsäulen.

Barockpracht in Raitenhaslach: Der blau stuckierte Vorhang am Chor leitet über zum prunkvollen Hochaltar. Ein Bild, das vom früheren Reichtum des Klosters zeugt.

Nun muss man sich entscheiden: Ist man an der Kirche auf dem Marienberg nicht interessiert, wandert man auf gleichem Weg entlang der Salzach zurück. Im anderen Falle steuern wir den **Marienberg** an. Vom Klosterhof geht es nach Osten Richtung B 20, kurz davor aber rechts über Buchbergsstraße und Kulnikweg an die Stelle der B 20, wo gegenüber eine Straße und ein Wanderweg zur Kirche hochführen. Nach Besuch der Kirche geht es von der Straße am Fuße des Eingangs strikt nach Norden (also nicht links hinauf oder rechts hinunter) auf einen Waldweg, der leicht abfallend oberhalb der B 20 Richtung Burghausen führt. Nach eineinhalb Kilometern wechseln wir auf ein paralleles Asphaltsträßchen und stoßen oben auf die Robert-Koch-Straße, die uns durch gepflegte Wohngegend ins Zentrum von Burghausen zurückbringt.

16 Museumsparade im Trauntal

Wissenswertes

■ Ausgangspunkt:
Traunstein
Autoanfahrt von München
A 8/B 306 oder B 304 über Wasserburg (ca. 100 km)
Bahnverbindung
München–Traunstein

■ Streckenlängen:
Autorundfahrt: ca. 40 km (Traunstein–Inzell)
Wanderung 1: ca. 11 km
Wanderung 2: ca. 10 km

Zu den Favoriten im oberbayerischen Freizeitbetrieb gehört auch das Feriendreieck Traunstein–Ruhpolding–Inzell. In barocker Voralpenlandschaft gibt es aussichtsreiche Wanderwege und eine Reihe außergewöhnlicher Museen. Und das erwartet Sie unter anderem:

- ★ **der berühmteste Georgiritt Altbayerns;**
- ★ **einzigartige Eiszeitfunde in Siegsdorf;**
- ★ **das Alpendorf mit den meisten Museen;**
- ★ **der größte Gletschergarten der Ostalpen.**

Der Traunsteiner Georgiritt. Nach alter Tradition wird der heilige Georg, legendärer Drachentöter und Patron der Pferde durch Pferdeumritte geehrt. Zu den schönsten dieser Art in Bayern zählt der Georgiritt von Traunstein nach Ettendorf alljährlich am Ostermontag. Unter Glockengeläut ziehen Fanfarenbläser, Trommler und Schwerttänzer in historischen Kostümen sowie Hunderte festlich geschmückter Rösser mit ihren Reitern aus der Stadt hinauf zum Ettendorfer Kirchlein. Dort werden die Pferde vom Pfarrer gesegnet. Noch vor dem Zug (9.30 Uhr) und nach dessen Ende (14.00 Uhr) treten auf dem Stadtplatz von Traunstein die Schwerttänzer auf. Begleitet von Blasmusik führen sie den berühmten und im Alpenvorland einmaligen Schwertertanz auf. Er ist eigentlich ein heidnischer Brauch, mit dem der Winter vertrieben werden soll.

Eine Reise in die Vergangenheit. Wir fahren an der Traun entlang nach Süden und kommen nach Siegsdorf, einem der bedeutendsten Fundorte von Eiszeittieren. Zwei einschlägige Museen gibt es dort: Das **Naturkunde- und Mammutmuseum** (Sommerhalbjahr Di.–So. 10–18 Uhr, Ferienzeit

Das nachgebildete Siegsdorfer Mammut in Originalgröße, seine Originalknochen sind ebenfalls im Siegsdorfer Museum zu bestaunen

täglich) bietet auf 650 Quadratmeter Ausstellungsfläche einen Einblick in 250 Millionen Jahre Erdgeschichte in Südostbayern. Neben Steinsammlungen und versteinerten Resten von Pflanzen und Tieren aus längst verschwundenen Meeren zeigt das Museum auch die berühmten Eiszeitfunde dieser Gegend wie das Siegsdorfer Mammut, das größte, vollständigste und besterhaltene Mammutskelett Europas, und den Siegsdorfer Höhlenlöwen, der auch hohen Seltenheitswert besitzt. An einem Landschaftsmodell erkennt man, wie der eiszeitliche Chiemgau vor 15 000 Jahren ausgesehen hat.

Zwei Kilometer südöstlich von Siegsdorf zeigt im Ortsteil Am Scharam das 1993 eröffnete und eigenständige Museum **Mammutheum** (Sommerhalbjahr Di.–So. 10–17 Uhr) die Ausstellung »Fossile Mammutwelt«. Die meisten Objekte wie einige Mammuts, ein Wollnashorn und ein Einhorn stammen aus der archäologischen Arbeit des Museumsinhabers im In- und Ausland. Im dazugehörigen Steinzeitpark sind diese Objekte zu bewundern, dort wird unter anderem auch der Umgang mit Pfeil und Bogen demonstriert, aber auch die Herstellung von Werkzeugen und Waffen oder das Entfachen von Feuer mit den einfachen Mitteln der Eiszeit vor 10 000 Jahren.

Linke Seite: Farbenprächtige historische Trachten und Ausrüstungen bestimmen den berühmten Georgiritt am Ostermontag von Traunstein nach Ettendorf.

Wandern im Bergener Moos. Die Gegend um das Bergener Moos ist und bleibt ein Wander-Eldorado. Wir machen also vom Mammutheum einen kurzen Abstecher nach Bergen und marschieren von dort los. Die Route ist aus der Karte zu entnehmen. Besonders genussvolle Abschnitte mit Bilderbuchlandschaft und Alpenblick begegnen uns bei Rumgraben, Schneereut und Fliegeneck. Die Länge der Strecke beträgt ca. elf Kilometer.

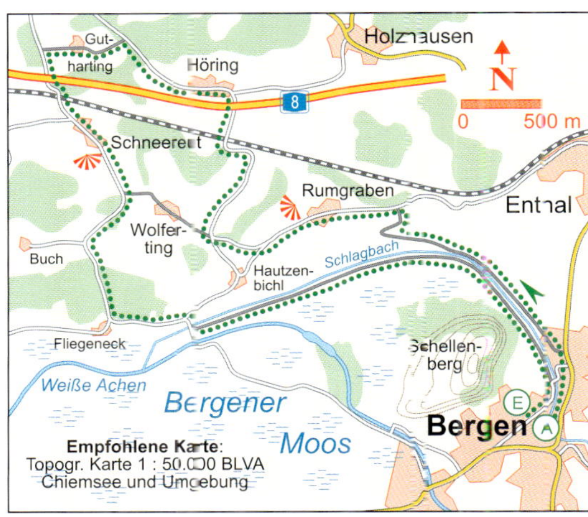

Herbststimmung über dem Falkensee bei Inzell, einem Überbleibsel aus der Eiszeit

Originelle Museen in Ruhpolding. Weiter geht es mit Museen, auch diesmal beileibe keine langweiligen! Ruhpolding allein besitzt fünf und jedes widmet sich einem anderen spannenden Thema:

Bartholomäus-Schmucker-Heimatmuseum. Die Ausstellungsskala reicht von Bauernmöbeln des 17. bis 19. Jahrhunderts über Trachten, Schmuck, Glas und Porzellan bis hin zu Sammlungen von Handwerk, Volksfrömmigkeit, Uhren und Versteinerungen. Auch Jagd-, Waffen- und Uniformbestände sowie der letzte 1835 in Bayern erlegte Bär sind zu sehen (Di.–Fr. 10–12 Uhr).

Holzknechtmuseum in Laubau. Hauptthema dieses Museums ist neben den Grundlagen der Forstwirtschaft das entbehrungsreiche Leben und Arbeiten der Holzknechte in den Bergwäldern früherer Zeiten. Gezeigt werden Werkzeuge sowie Verarbeitungs- und Bringungs-Methoden. Zu sehen sind außerdem eine Solehebeanlage (siehe auch Tour Nr. 17) sowie diverse Forsthütten und Holzerstuben im dazugehörenden Freigelände (Di.–So. 10–17 Uhr)

Glockenschmiede in Haßlberg. Im 17. Jahrhundert entstanden und bis 1958 in Betrieb, ist sie heute eine der letzten noch bestehenden Hammerschmieden in Bayern. In der Werkstatt können Werkzeuge,

TouristInfo
Traunstein
Tel. 08 61/9 86 95 23
www.traunstein.de
Siegsdorf
Tel. 0 86 62/49 87 45
www.siegsdorf.de
Ruhpolding
Tel. 0 86 63/88 06-0
www.ruhpolding.de
Inzell
Tel. 0 86 65/98 85-0
www.inzell.de

Schmiedevorrichtungen und das ehemalige Hammerwerk besichtigt werden (Mo.–Fr. 10–16 Uhr).

Schnauferlstall im Bacherwinkl 5. Zu dieser Privatsammlung gehören ca. 70 vorwiegend deutsche Motorräder und 40 Einzelmotoren aus den Jahren 1924 bis 1960. Besondere Stücke sind Beiwagengespanne, ein Mercedes 170 mit Holzvergaser und eine Aero CSSR Baujahr 1929 (tgl. 13–18 Uhr).

Ruhpoldinger Modellbahnschau. Hauptattraktion ist eine gut 30 Meter lange Märklin HO Schauanlage. In realistisch gestalteter Landschaft verkehren Züge, unter anderem der ICE Rheingold. Vier Anlagen können von Kindern selbst benutzt werden (tgl. außer Mi. 12–18 Uhr, Juni–Aug. täglich).

Wanderung zum Inzeller Gletschergarten. Drei Kilometer südlich von Inzell liegt an der B 305 der größte Gletschergarten der Ostalpen. Er wurde 1936 erschlossen und ist ein Naturdenkmal ersten Ranges. Die eiszeitlichen Felsformen auf dem Gletschergrund sind sehr gut erhalten: Gletscherschliffe, Riesentöpfe, die durch wirbelnde Wasserstrudel ausgehöhlt wurden, und Findlinge, also Felsblöcke, die der Gletscher aus anderen Gegenden hierher verfrachtet hat. Die Wanderung ist ca. zehn Kilometer lang (vgl. Karte). Der Gletschergarten ist natürlich auch mit dem Auto zu erreichen.

Einkehr

Traunstein
Schnitzlbaumer
Terrasse, kein Ruhetag
Sternbräu
Biergarten, kein Ruhetag
Siegsdorf
Alte Post
Terrasse, kein Ruhetag
Ruhpolding
Café Windbeutelgräfin
Garten, Mo. Ruhetag
Inzell
Zur Post
Terrasse, kein Ruhetag

Blick von der B 305 auf den Gletschergarten bei Inzell

17

Erlebnisse im Rupertiwinkel

Wissenswertes

Ausgangspunkt:
Kloster Höglwörth
Autoanfahrt ab München auf A 8 bis Abfahrt Anger oder B 304 über Traunstein (ca. 120 km)
Bahnanfahrt bis Piding

Streckenlängen:
Autorundfahrt: ca. 15 km (Höglwörth–Reichenhall)
Wanderung: ca. 4,5 km

Wir besuchen den Norden des Berchtesgadener Landes, der zum Rupertiwinkel gehört. Diese Region, 1816 von Salzburg an Bayern gekommen, hat eine eigene Ausstrahlung und war schon immer ein beliebtes Ausflugsziel, bietet sie doch anmutige Landschaft und Gebirgssicht ebenso wie einzigartige Freizeitziele.
Und das erwartet Sie unter anderem:
- ★ **das wohl am schönsten gelegene Kloster am Alpenrand;**
- ★ **das schönste Dorf König Ludwigs I.;**
- ★ **die größte romanische Basilika Altbayerns;**
- ★ **die älteste Pipeline der Welt.**

Malerisches Schauspiel in Höglwörth. Erste Station unserer Reise durch den Rupertiwinkel ist Höglwörth, genauer gesagt **Kloster Höglwörth** am gleichnamigen See. Ein Augustinerchorherrenstift war es ab 1125 und gehörte zum Erzstift Salzburg. Im 16. Jahrhundert drohte es zu verfallen, erlebte dann aber im 17./18. eine Blütezeit und wurde 1817 – inzwischen zu Bayern gehörend – säkularisiert. Drei Gründe haben die Anlage in unserer Zeit bekannt gemacht: ihre **Kirche** von 1765 als kunsthistorischer Leckerbissen, vor allem wegen ihrer von Rokokostuck umspielten Fresken und der kunstvollen, mit Gemälden und Figuren geschmückten Altäre. Gleich neben der Kirche der **Klosterwirt**, ein stattliches bayerisches Wirtshaus mit einem ausnehmend gemütlichen Biergarten. Schließlich die einzigartige **Lage** des Klosters. An die farbigen Klosterbauten auf einer schmalen Landzunge schmiegt sich der ringsum bewaldete kleine See und lässt deren Silhouette im Wasser spiegeln. Auf einem Uferweg kann man den See in einer halben Stunde umrunden, wobei sich schöne Ansichten, zum Teil auch mit Blick auf den Salzburger Untersberg, eröffnen. Eine einzigartige Verschmelzung von Architektur und Landschaft!

Kloster Höglwörth ist bekannt für seine bezaubernde Lage am gleichnamigen See und für seine kunstgeschichtlich wertvolle Kirche, aber auch der gemütliche Biergarten des Klosterwirts ist nicht zu verachten.

Dorfidylle in Anger. Gleich neben Höglwörth gelegen, liefert Anger ein weiteres Beispiel für

oberbayerische Dorfidylle. Sein Wahrzeichen, die hoch aufragende Kirche St. Mariä Himmelfahrt verkündet gewissermaßen schon von weitem, dass Anger etwas Besonderes ist. Und das bestätigt sich auch: ein weiter, begrünter Dorfplatz, in der Mitte eine Mariensäule und am Ende die spätgotische Kirche, die in einer Rosenkranzmadonna von 1680 und einem Vesperbild von 1550 ihre besten Stücke hat. Das Ganze wird umstanden von Wohnhäusern des 18./19. Jahrhunderts, wobei der Salzburger Untersberg und der Hochstaufen die Hintergrundkulisse bilden. Ein schmuckes Dorfbild, das ein Gefühl intakter Dorfatmosphäre und heiler Welt vermittelt. Das muss wohl auch der bayerische König Ludwig I. so empfunden haben, der Anger bei einem Besuch als »sein schönstes Dorf« bezeichnet hat.

Das Dorf Anger mit seiner hochragenden Pfarrkirche Mariä Himmelfahrt vor dem Massiv des Hochstaufen

St. Zeno in Bad Reichenhall. Die Stadt wäre einen eigenen Ausflug wert, sie hat viel zu bieten. Dieses Buch hat sich jedoch Superlativen verschrieben und so interessiert uns zunächst einmal nur die ehemalige **Stiftskirche St. Zeno**, denn sie ist mit den Maßen 90 mal 30 mal 16 Metern (Länge/Breite/Höhe) die größte Basilika Altbayerns. Sie gehörte zu dem im 12. Jahrhundert gegründeten Augustinerchorherrenstift, wurde selbst 1228 fertig gestellt und nach einem verheeren-

Einkehr

Höglwörth
Klosterwirt
Biergarten, Di. Ruhetag
Anger
Alpenhof
Terrasse, Mi. Ruhetag
Mai–Sept. kein Ruhetag
Bad Reichenhall
Bürgerbräu
Terrasse, kein Ruhetag
Hofwirt
Biergarten

TouristInfo
Anger/Aufham
Tel. 0 86 56/98 89-0
www.anger.de
Bad Reichenhall
Tel. 0 86 51/6 06-3 03
www.bad-reichenhall.de

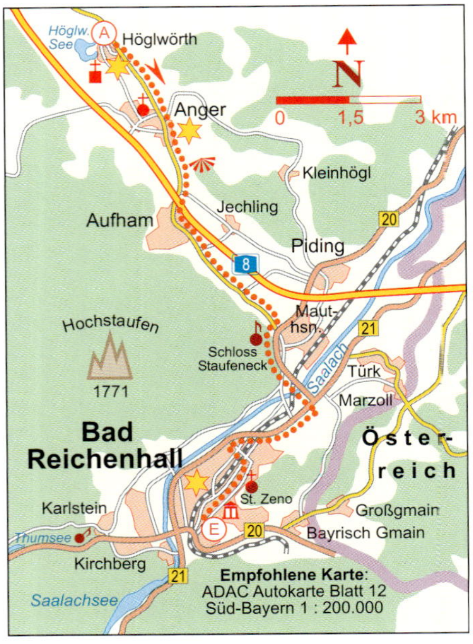

den Brand 1512 unter Erhaltung der romanischen Teile zu einer gotischen Pfeilerbasilika umgestaltet. 1640 wurde sie barockisiert und gut 100 Jahre später im Rokokostil verändert. Blickfang in der Ausstattung sind das romanische Westportal, flankiert von zwei Marmorreliefs (alles um 1200), und im Innern unter anderem die romanische Apsis sowie qualitätsvolle Gemälde und Schnitzwerke vorwiegend aus dem 16. Jahrhundert. Soweit Sie noch Zeit haben, sind auch das Heimatmuseum (Di.–Fr. 14–18, 1. So/Monat 10–12 Uhr) und die Nikolauskirche besonders lohnende Ziele im Zentrum von Bad Reichenhall.

Das reich geschmückte romanische Westportal von St. Zeno aus abwechselnd blassrotem und hellgrauem Untersberger Marmor

Die älteste Pipeline der Welt. In diesem Beitrag geht es um Salz, dem »weißen Gold« und Luxusgut des Mittelalters. Und es geht um **Soleleitungen**, also dicke Holzrohre (sog. Deicheln), in denen Sole, ein Wasser-Salz-Gemisch, transportiert wurde. Was hat es nun mit diesen Leitungen auf sich?

Im Talbecken von Reichenhall treten rund 15 Meter unter der Erde Solequellen aus, die seit Jahrhunderten zur Salzgewinnung genutzt werden. Die Sole besteht aus einem Viertel Salz und drei Vierteln Wasser, das verdampft werden muss. Früher geschah das in großen, über Holzfeuer erhitzten Eisenpfannen, was riesigen Holzverbrauch zur Folge hatte. Anfang des 17. Jahrhunderts gingen die Holzvorräte in Reichenhall zur Neige und man beschloss, im waldreichen Trauntal eine neue Saline zu errichten. Dazu musste die Sole von Reichenhall nach Traun-

stein gebracht werden. Ein großes Problem, denn von Reichenhall bis Inzell (höchster Punkt der Strecke) waren 250 Höhenmeter zu überwinden. Ab Inzell konnte wieder das natürliche Gefälle (150 Höhenmeter) bis Traunstein genutzt werden. Hofbaumeister Hans Reiffenstuel gelang das Kunststück. Er errichtete bis 1619 auf der 31 Kilometer langen Strecke sieben Brunnhäuser mit Kolbendruckpumpen, deren Wasserräder von Gebirgsbächen angetrieben wurden. Sie pumpten die Sole zwischen den Gefällstrecken immer wieder hoch, bis sie Traunstein erreicht hatte. Die erste Pipeline der Welt war geboren! Sie sollte bis 1912 in Betrieb bleiben.
1810 wurde diese Leitung von Georg von Reichenbach ab Siegsdorf nach Rosenheim verlängert, wo eine weitere Saline gebaut worden war. Diese 81 km lange Leitung tat ihren Dienst bis 1958. Leitungen Nr. 3 und 4 verbanden Berchtesgaden mit Reichenhall.

Die Alte Saline in Bad Reichenhall ist heute ein Industriedenkmal und beherbergt ein Salzmuseum.

Zwischen Grassau und Rottau steht das einzige erhaltene Brunnhaus mit Pumpstation (Klaushäusl) und kann besichtigt werden (im Sommer Di.–Sa. 14–17, So./Fei. 10–17 Uhr). Heute dienen Salinenwege nur noch als reizvolle **Wanderwege**. Zu finden sind sie in Berchtesgaden und Reichenhall sowie im Zuge der B 305/306 bei Weißbach, außerdem in Siegsdorf und Traunstein. Als eine der schönsten Strecken gilt der Salinenweg am Thumsee. Er ist 4,5 km lang mit einem Höhenunterschied von rund 130 Metern (Route siehe Karte rechts). Startpunkt ist an der Westspitze des Thumsees. Da ein Schießstand in der Nähe ist, empfiehlt sich die Wanderung am Wochenende.

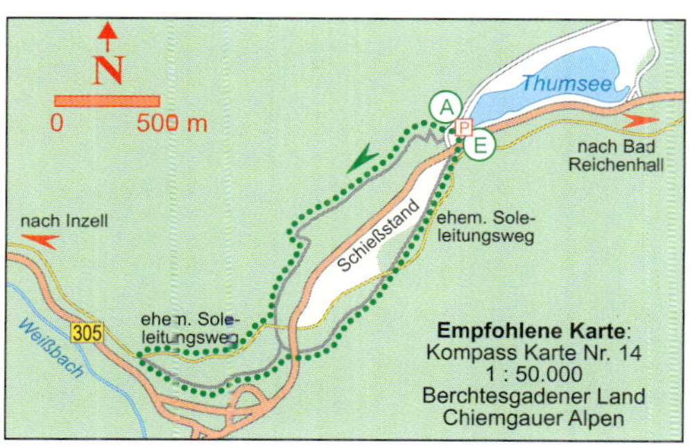

Alte Saline

Eine der bedeutendsten Sehenswürdigkeiten Reichenhalls ist die Alte Saline, die frühere Salzgewinnungsstätte. Zentraler Bau ist das Hauptbrunnhaus von 1834, gleichzeitig Salzmuseum (tgl. 10–11.30 und 14–16 Uhr). Dort befindet sich im Erdgeschoss die große Maschinenhalle mit zwei riesigen Wasserrädern, die das Pumpsystem antreiben; darunter der 1509 in Marmor gefasste Hauptbrunnschacht und wiederum darunter der ebenfalls mit Marmor verkleidete Quellenbau. Seit 1926 wird das Reichenhaller Salz in der neuen Saline gewonnen.

18 Genussradeln nach Salzburg

Wissenswertes

Ausgangspunkt:
Kloster Höglwörth
Autoanfahrt ab München auf A 8 bis Ausfahrt Anger oder B 304 über Traunstein (ca. 120 km)
Bahnanfahrt bis Piding

Streckenlänge:
Radtour: ca. 55 km, nur wenige Steigungen

Einkehr
Anger
siehe Tour 17
Piding
Altwirt, Di. Ruhetag
Salzburg
siehe Text

Die Radtour von Anger nach Salzburg zählt zu den schönsten im Alpenvorland. Trotz erheblicher Streckenlänge hat man viel Spaß, weil neben landschaftlichem Reiz vor allem der Rundgang durch die Altstadt Salzburgs ein Erlebnis ist.

Von Höglwörth nach Salzburg. Wir starten also am Kloster Höglwörth (siehe Tour 17) und gelangen in prächtiger Landschaft und mit Alpensicht über Anger nach Piding und von dort nach Querung der Saalach über Türk, Marzoll und Fürstenbrunn in die Außenbezirke Salzburgs, wo man vor allem um Mittermoos erneut mit reizvollen Landschaftsbildern verwöhnt wird. Von Morzg aus erreichen wir schließlich die Hellbrunner Allee und auf dieser den Mozartplatz in der Altstadt Salzburgs (Route siehe Karte unten).

Rundgang in Salzburg. Die weltberühmte Festspielstadt kann fast alles aufbieten, was Besucher begeistert: großstädtische Prachtarchitektur und heimelige Gassenatmosphäre, Kunstgenuss vom Feinsten und gemütliche Biergärten, elegante Geschäfte und traditionsreiche

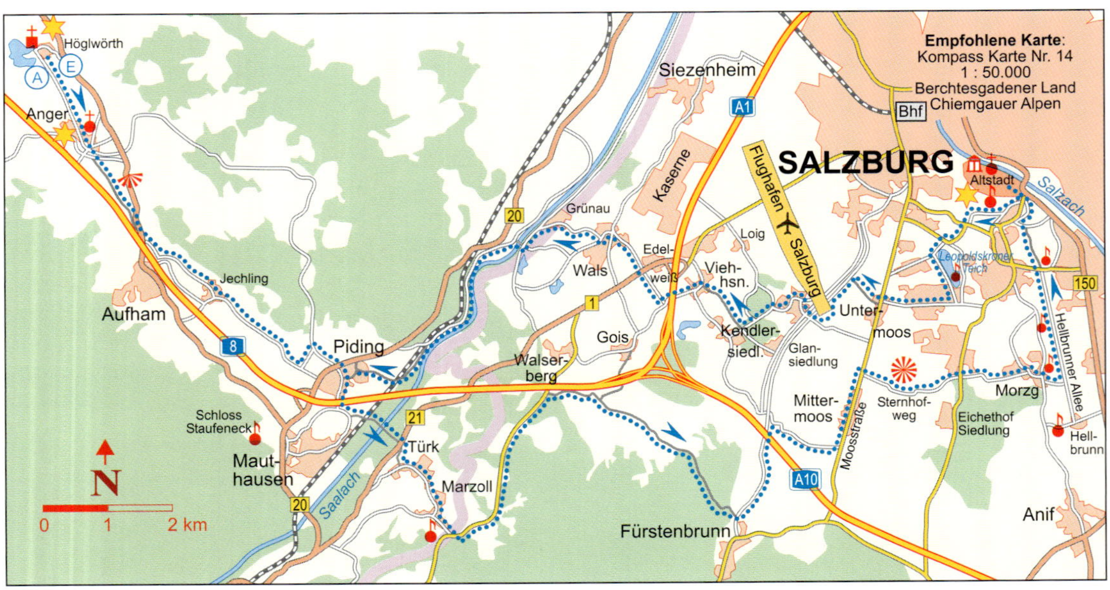

Blick vom Nordufer der Salzach auf die Altstadt von Salzburg mit Festung Hohensalzburg und dem Dom

Kaffeehäuser. Um einen Eindruck zu bekommen, empfehlen wir einen Rundgang in der Altstadt (siehe Karte unten). Am besten besorgt man sich bei der TouristInfo am Mozartplatz ein Faltblatt mit Stadtplan und kurzer Beschreibung der wichtigsten Sehenswürdigkeiten. Als Einkehr empfehlen sich u. a. der Gasthof Sternbräu, der Stiftskeller St. Peter und das Café Glockenspiel, alle ohne Ruhetag und mit Sitzgelegenheit im Freien.

TouristInfo
Salzburg
Tel. 00 43/662/8 89 87-0
www.salzburg.com

Rückfahrt nach Höglwörth. Zuerst geht es zurück zur Petersbrunnstraße, dann auf der Nonntaler Hauptstraße, der Brunnhausgasse und der Leopoldskroner Allee zum Leopoldskroner Teich und von dessen Südseite auf der Von-Nissen-Straße strikt nach Westen bis zum Glanbach. Von dort führt die Route zur Kendlersiedlung und weiter über Viehausen und Wals an die Saalach. Nach Querung radeln wir bis Piding und auf bereits bekannter Strecke nach Höglwörth zurück.

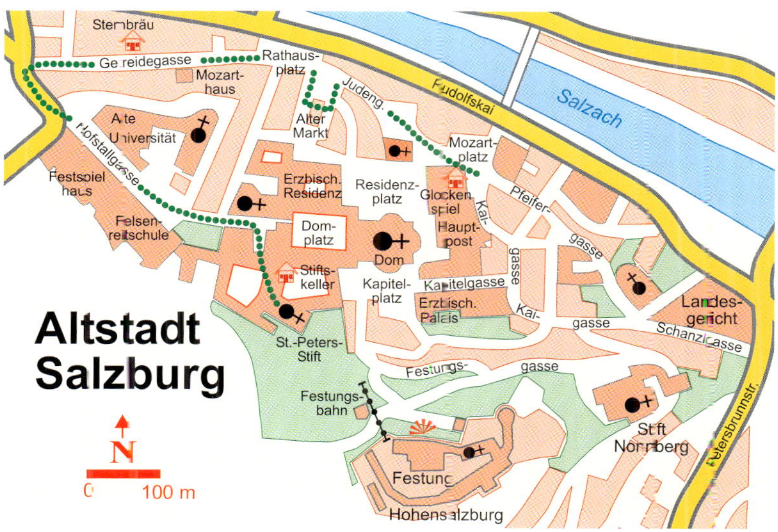

19 Glitzernde Eiswelt auf dem Untersberg

Wissenswertes

■ **Ausgangspunkt:**
Marktschellenberg
Autoanfahrt ab München
auf der A 8 und A 10 bis
Ausfahrt Salzburg Süd
(ca. 140 km)
Bahnverbindung
bis Berchtesgaden möglich

■ **TouristInfo**
Marktschellenberg
Tel. 0 86 50/98 88-30
www.marktschellenberg.de

Diese Fahrt ins Berchtesgadener Land hat die größte erschlossene Eishöhle Deutschlands auf dem Untersberg zum Ziel. Bevor man sie erreicht, werden einige Anstrengungen abverlangt. Nach getaner Arbeit kann man im Tal die letzte noch betriebene Kugelmühle Deutschlands bestaunen.

Zur Schellenberger Eishöhle. Folgende Wege bieten sich an:

- Aufstieg ab Parkplatz B 305 ca. 1 km nördlich Marktschellenberg über Mitterkaser und Toni-Lenz-Hütte auf steiler, rot-blau markierter Route, dabei im oberen Teil großartige Ausblicke. Höhenunterschied ca. 1100 m, Gehzeit rund drei Stunden;
- Auffahrt per Seilbahn von St. Leonhard (5 km nördlich Marktschellenberg) zum Geiereck, von dort ca. 1,5 Stunden Abstieg zur Eishöhle über Mittagsscharte und gesichertem Thomas-Eder-Steig, der Trittsicherheit und Umsicht verlangt! Im übrigen verkehrt zwischen St. Leonhard und Marktschellenberg ein Bus.

Endlich erreicht: der Eingang zur Schellenberger Eishöhle, von wo man rund 55 Meter in das Innere des Berges hinuntersteigt.

Führung durch die Eishöhle. Der Rundgang ist ca. 500 Meter lang, dauert knapp eine Stunde und erreicht über Treppen, Stege und Laufbretter eine maximale Tiefe ab Eingangsschwelle von ca. 55 Metern. Highlights des Rundgangs sind die **Angermayerhalle** (70 x 40 m) mit prächtigen Eissäulen und die **Fuggerhalle** (16 x 12 m) mit ihren glitzernden Eismauern und Eiskeulen, die auch »Eismandln« genannt werden. Prunkstück der Höhle aber ist der **Mörkdom**: überall funkelndes und schimmerndes Eis in Form von Säulen, Pfeilern, Draperien und Baumeisbildungen, alles von faszinierender Schönheit. Auch zwischen diesen großen Hallen gibt es viel zu bestaunen, so

Im Innern der Schellenberger Eishöhle

hauchdünne, schleierartige Eisgebilde oder mächtige Eiswände, die im Schein der Karbidlampen in verschiedenen Farben erstrahlen. Die Temperatur in der Höhle liegt zwischen –8,8 ° C und +1,5 ° C, was Sie veranlassen sollte, unbedingt warme Kleidung mitzunehmen! Die Führungen finden von Pfingsten bis 31. Oktober täglich von 10–16 Uhr statt, aber nur zur vollen Stunde.

Attraktion Kugelmühle. Im Gasthof Kugelmühle (3 km südlich Marktschellenberg) wird die letzte Kugelmühle Deutschlands betrieben, was man sich bei Einkehr in das Gasthaus ganz nebenbei anschauen kann. Vor allem im 18. Jh. blühte das Geschäft mit Kugelmühlen. Bis zu 1000 Zentner Kugeln pro Jahr wurden damals aus dem Berchtesgadener Land in alle Welt exportiert. Noch um 1920 waren in Schellenberg 70 Mühlen in Betrieb. Was passiert in solch einer Mühle: grob behauene Marmorrohlinge werden in der Mühle herumgewirbelt, bis sie völlig glatt und rund sind.

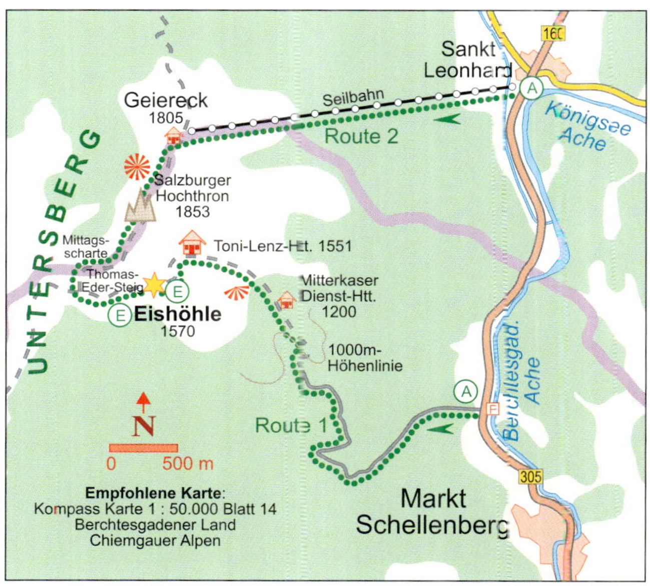

20 Im Herzen des Berchtesgadener Landes

Wissenswertes

Ausgangspunkt:
Berchtesgaden Ortsmitte.
Autoanfahrt ab München auf A 8 und B 20 bzw. B 305 (ca. 150 km)
Bahnverbindung München–Berchtesgaden

Streckenlängen:
Autorundfahrt: ca. 40 km (Maria Gern–Königssee)
Wanderung 1: ca. 4 km
Wanderung 2: ca. 6 km
Wanderung 3: ca. 18 km

Eine Gebirgslandschaft von überragender Schönheit, dazu einzigartige Sehenswürdigkeiten und nicht zuletzt alpenländisches Flair haben die Berchtesgadener Region zu einem Topziel für Ausflügler und Touristen gemacht. Wir stellen einige der interessantesten Stationen vor. Und das erwartet Sie unter anderem:

- ★ **die schönste Kirche des Berchtesgadener Landes;**
- ★ **der tiefste See der bayerischen Alpen;**
- ★ **die höchste Felswand der Ostalpen;**
- ★ **ein spektakulärer Tiefblick auf den Königssee;**
- ★ **das meistfotografierte Landschaftsbild am Alpenrand.**

Aufstieg zur Kneifelspitze. Als Erstes verschaffen wir uns einen Überblick über die Region. Das geht am besten auf der Kneifelspitze, denn sie liegt nur 1189 Meter hoch und kann in einer Stunde bestiegen werden, bietet aber überraschenderweise eine grandiose Aussicht. Wir fahren also von Berchtesgaden nach Vordergern zur Wallfahrtskirche Maria Gern. Dort steigen wir über das Lauchlehen hinauf zum Gipfel (450 Höhenmeter). Das Panorama umfasst den Berchtesgadener Talkessel und die ihn umgebenden berühmten Bergstöcke: von links Hoher Göll (2523 m), Kehlstein (1885 m), Jenner (1874 m), Watzmann (2713 m), Hochkalter (2608 m) und

die Reiteralm (2295 m). Ein betörendes Bild, das man auf der Terrasse des Berggasthofs Kneifelspitze genießen kann.

Besuch der Wallfahrtskirche Maria Gern. Wieder im Tal, wenden wir uns der Kirche St. Maria zu, von der man sagt, sie sei die schönste Kirche dieser Region. Über alle Maßen reizvoll ist jedenfalls ihre Lage im Taleinschnitt zwischen Vorder- und Hintergern mit dem Untersberg als spektakulärem Talschluss. 1710 errichtet, präsentiert die Kirche aber auch einen noblen Innenraum, in dem vor allem der schöne Stuck, die Freskenmedaillons und ein prächtiger Hochaltar in Blau-Gold mit Schnitzfiguren und Gnadenbild von 1666 ins Auge stechen.

Der Mittelpunkt des reich stuckierten Inneren der Wallfahrtskirche Maria Gern ist der Hochaltar von 1716 mit Gnadenbild.

Linke Seite: Leicht und schnell zu ersteigen und doch ein großartiger Aussichtspunkt – die Kneifelspitze mit Blick auf alle namhaften Gebirgsstöcke Berchtesgadens.

Eine Rundfahrt auf dem Königssee. Wir wechseln auf die Südseite des Berchtesgadener Beckens und gelangen zum Königssee. Er bildet zusammen mit den angrenzenden Gebirgsmassiven (u. a. Hagengebirge, Steinernes Meer, Watzmann, Hochkalter und Reiteralm) die Kernzone des **Nationalparks Berchtesgaden**. Gegründet wurde der Park 1978, seine Fläche beträgt rund 210 qkm.

Der fjordartige **Königssee** gilt als einer der schönsten und meistbesuchten Seen der Bayerischen Alpen. Seine Maße: knapp acht Kilometer lang, bis gut einen Kilometer breit, Fläche gut fünf Quadratkilometer und bis 190 Meter tief. Damit ist er neben dem Walchensee der tiefste See in Bayern und der sauberste obendrein. Bis auf die Orte Königssee und St. Bartholomä sind die Ufer unbewohnt und auch wegemäßig nicht erschlossen. Der Verkehr spielt sich auf dem Wasser ab, und zwar ausschließlich mit Elektrobooten. Am Südende des Königssees schließt sich noch der kleine Obersee an, beide durch eine schmale Landzunge getrennt.

Königssee-Schifffahrt

Der Bootsverkehr erfolgt ausschließlich mit Elektrobooten, die jeweils 85 Personen Platz bieten. Anlegestellen sind neben Königssee St. Bartholomä, Salet und Kessel. Info-Tel. 0 86 52/96 36-0. www.seenschifffahrt.de

Am Fuße der Watzmann-Ostwand ein kleines Schneefeld mit der Eiskapelle

Blick von St. Bartholomä über den Königssee

Unvergesslich ist eine **Rundfahrt** auf dem See, falls Sie im Sommer nicht vom Massenandrang vor den Kassenhäuschen abgeschreckt werden. Sitzt man dann erst mal im Boot, ist alles vergessen. Zwischen bewaldeten Steilhängen gleitet es hinaus in den See und passiert zuerst den Malerwinkel (schöner Blick auf den See) und dann die Echowand (siebenfacher Widerhall). Während die Gipfel des Steinernen Meeres im Süden schon aufgetaucht sind, rückt rechter Hand allmählich eine mächtige Felswand ins Blickfeld: die Ostwand des 2713 m hohen Watzmann-Massivs.

Die **Watzmann-Ostwand** ist die höchste Felswand der Ostalpen, fast 2000 Meter hoch und ebenso breit. Ein grandioses Naturdenkmal, das sich über der kleinen Halbinsel St. Bartholomä erhebt. Während die 1881 erstmals durchstiegene Wand dem Normalsterblichen ein Schaudern entringt, ist sie auch heute noch für viele Bergsteiger Traumziel und faszinierende Herausforderung. Eine nicht ungefährliche, wie die vielen tödlichen Unfälle in der Wand seit der Erstdurchsteigung beweisen.

In **St. Bartholomä** gelandet, gilt es sich bewusst zu machen, dass die kleine Siedlung ein weit über die Grenzen hinaus bekannter Wallfahrtsort ist und im 19. Jahrhundert Lieblingsdomizil bayerischer Könige war. Äußeres Zeichen dafür ist zum einen die **Wallfahrtskirche** St. Bartholomäus mit ihren roten Kuppeldächern und den beiden Zwiebeltürmchen, bereits 1134 geweiht, in ihrer heutigen Form jedoch von 1697 stammend, zum anderen das ehemalige Jagdschloss, mehrfach umgebaut, zuletzt im 18. Jahrhundert, heute als Gasthaus genutzt.

Eine berühmte Brauchtumsveranstaltung am Königssee ist der **Almabtrieb** von der Fischunkelalm im September. Er soll der schönste in Oberbayern sein. Die Kühe des Graflbauern haben dabei einen schwierigen Weg vor sich: zuerst über den felsigen Steig am Obersee entlang, dann die Verladung auf Flachbooten und der Transport über den Königssee zur Seelände am Nordufer. Nur wenn die Tiere das alles heil überstanden haben, werden sie »aufgekranzt«, also mit Blumen, Tannengrün und Spiegeln geschmückt und mit Glocken behängt. Den Winter über bleiben die Kühe dann im Stall.

Wanderung zur Eiskapelle. Die Eiskapelle ist ein unterspülter und auch im Sommer nicht abtauender Schneehaufen direkt am Fuße der Ostwand. Zu erreichen ist sie in einer einstündigen Wanderung ab St. Bartholomä. Zunächst geht es durch Wald, dann aber, nach einer Dreiviertelstunde, bietet sich ein erhabener Blick auf den Kessel mit dem klei-

Einkehr

Berchtesgaden
Goldener Bär
Biergarten, kein Ruhetag
Vordergern
Gasthof Maria Gern
Terrasse, Sa. Ruhetag
Berggasthof Kneifelspitze
Terrasse, kein Ruhetag
Königssee
Königsseebetriebe
Terrasse, kein Ruhetag
Gaststätte St. Bartholomä
Garten, kein Ruhetag

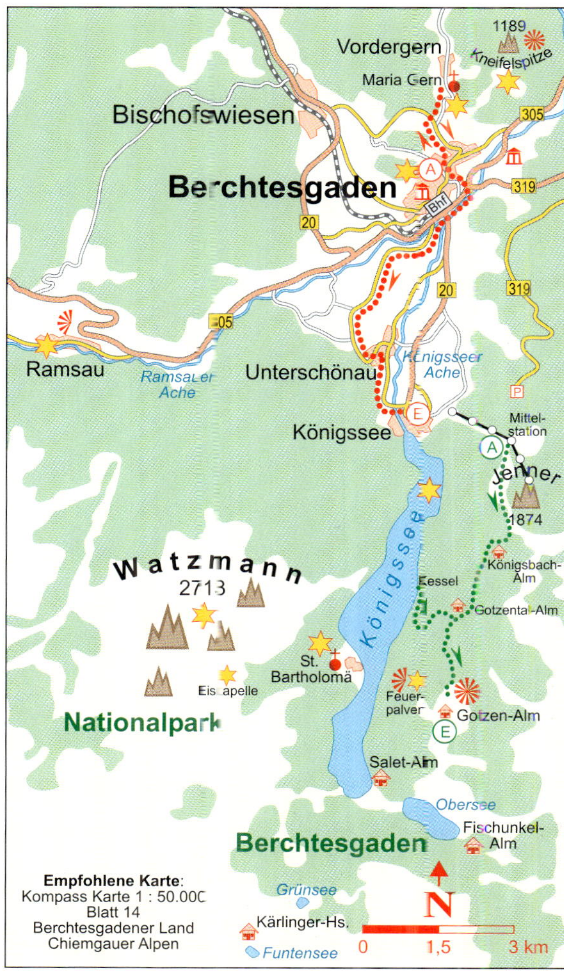

Es ist ein sehr mühsamer Aufstieg zur Gotzenalm – aber man wird mit grandiosen Gebirgsbildern belohnt.

Einer der spektakulärsten Aussichtspunke der Bayerischen Alpen: der Feuerpalven nahe der Gotzenalm mit Blick auf die Watzmann-Ostwand und den 1000 Meter tiefer liegenden Königssee mit St. Bartholomä

nen Schneefeld und die dahinter aufsteigende Ostwand des Watzmanns. Das letzte Stück zur Eiskapelle ist ein felsiger Pfad, wobei noch ein Bach überquert werden muss (wegen der großen Rutschgefahr gar nicht so einfach).

Almer Wallfahrt. Jährlich im August ist St. Bartholomä Ziel einer Wallfahrt, die nicht nur als eine der beschwerlichsten, sondern auch populärsten grenzüberschreitenden Pilgertouren der Alpen gilt. Ausgangspunkt ist das österreichische Maria Alm nahe Saalfelden. Der rund 32 Kilometer lange Weg der Wallfahrer führt fast 1400 Höhenmeter hinauf in das 2000 Meter hoch gelegene Steinerne Meer und auf bayerischer Seite wieder hinunter an den Königssee. Nach einem

Dankgottesdienst beginnt der weltliche Teil der Wallfahrt: Es wird zünftig gefeiert. Ihren Ursprung hat die Wallfahrt in einem Schiffsunglück 1688, bei dem 70 Pilger im Königssee ertranken. Damals gelobten die Almer, alljährlich nach St. Bartholomä zu pilgern.

Aufstieg zur Gotzenalm. Ein eigenes, ganztägiges und spektakuläres Unternehmen ist eine Wanderung auf das Gotzenplateau. Dazu muss man unbedingt gut zu Fuß sein: Die Strecke hin und zurück misst ca. 18 Kilometer und ist stellenweise sehr steil (insgesamt 1100 Höhenmeter, gesamte Gehzeit: neun Stunden). Das einzigartige Panorama mit Hochkönig und Übergossener Alm sowie Steinernem Meer und Watzmann-Ostwand, dazu der Traumblick vom Aussichtspunkt **Feuerpalven** auf den Königssee und St. Bartholomä entschädigen für alle Mühen. Empfohlen wird Auffahrt zur Mittelstation der Jennerbahn. Von dort Start auf Wanderweg 497 bis Königsbach-Alm, dann Weg 493 zur Gotzental-Alm und weiter auf einer serpentinenreichen und etwas eintönigen Forststraße noch einmal 560 Höhenmeter hinauf zum Gotzenplateau. Zurück geht es zunächst auf gleichem Weg bis zur Gotzental-Alm, dort könnte man auch über zahllose Serpentinen im Wald absteigen (2,5 Std. ab Gotzenalm) nach Kessel am Königsseeufer und per Schiff zurückfahren (letzte Fahrt 17.30 Uhr!). Der Muskelkater ist Ihnen sicher.

Finale in Ramsau. Bevor Sie wieder Richtung München aufbrechen, halten Sie noch einmal kurz in Ramsau an. Dort bietet sich ein Landschaftsbild, das zu den meistfotografierten am Alpenrand gehört: das Dorf Ramsau, durchflossen von der Ramsauer Ache, mit seiner kleinen Kirche und dahinter der gewaltige Felsstock der Reiteralm.

TouristInfo
Berchtesgaden
Tel. 0 86 52/9 44 53 40
www.berchtesgaden.de
Schönau am Königsseee
Tel. 0 86 52/17 60
www.koenigssee.de
Gaststätte St. Bartholomä
Tel. 0 86 52/96 49 37
www.sankt-bartholomae.de

Dorfidylle Ramsau: die Pfarrkirche vor der Felsbarriere der Reiteralm

Ach 73
Achendelta 68
Almer Wallfahrt 92
Altenmarkt 66
Altenstadt 27
Alte Saline 83
Altötting 70
- Kirchen 70, 71
- Museen 71, 72
Amerang 64
- Museen 64, 65
- Schloss 64
Andechs 24
Anger 80
Antoniuskapelle 61
Attenloher Filzen 49
Aying 56

Bad Reichenhall 81
Bad Tölz 48
- Heimatmuseum 48
- Leonhardifahrt 49
- Marktstraße 48
Bayerisches Oberland 52
Benediktbeuern 44
Berchtesgadener Land 88
Bergener Moos 77
Blomberg Rodelbahn 49
Blutenburg 21
Buckelwiesen 40
Burghausen 72

Chiemgau 64
Chieming 63
Chiemsee 62

Echelsbacher Brücke 25
Eggstätt-Hemhofer Seenplatte 65
Ehrwald 38
Eibsee 35
Eiskapelle 91
Eng 51
Erl 58
Ettal (Kloster) 30

Feuerpalven 93
Fischbachau 53
Flintsbach 58

Gaistal 38, 39
Garmisch-Partenkirchen 32
Geiselgasteig 20
Geltendorf 22
Glentleiten 45
Gletschergarten 79
Gocklwirt 69
Gotzenalm 93
Großer Ahornboden 50
Gstadt 63

Hammersbach 37
Hellabrunn 20
Hinterautal 43
Höglwörth (Kloster) 80, 84
Höllentalangerhütte 35
Höllentalklamm 35
Hoher Peißenberg 24

Inzell 79
Isarquelle 42
Isarwinkel 48

Jochberg 46

Kaisertal 60
Kaltenberg 23
Kastenalm 43
Keferloh 19
Kiefersfelden 58
Kirchplatzl 39
Kneifelspitze 88
Königssee 89
Königssee-Schifffahrt 89
Königssee Almabtrieb 91
Kufstein 58. 60
Kugelmühle 87
Kugleralm 19

Landsberg 22
Leutaschklamm 39
Leutaschtal 39
Linderhof (Schloss) 31
Lustheim (Schloss) 18

Mammutheum 77
Maria Baumburg 67
Maria Gern 89
Marienberg 74
Mieminger Kette 38
Mittenwald 39, 42
München 10
- Altstadtrundgang 11
- Asamkirche 14
- Biergärten 14
- Deutsches Museum 15
- Englischer Garten 15
- Festkalender 13
- Frauenkirche 11
- Geschichte 11
- Hofbräuhaus 13
- Hundskugel 14
- Karlstor 11
- Ludwigskirche 12
- Marienplatz 11
- Nationaltheater 13
- Öffnungszeiten 17
- Olympiapark 16
- Peterskirche 14
- Residenz 12
- St. Michael 11
- Theatinerkirche 11
- Valentinmusäum 13
- Viktualienmarkt 14
- Weinstadl 13

Nationalpark Berchtesgaden 89
Neubeuern 56

Oberammergau 28
- Holzschnitzerei 30
- Lüftlmalerei 30
- Passionsspiele 30
Oberschleißheim 18

Partnachklamm 35
Paterzeller Eibenwald 27
Pendling 58
Pfaffenwinkel 24
Prien 62

Raitenhaslach 74
Ramsau 93
Ratzinger Höhe 65
Rottenbuch 25
Ruhpolding 78
- Glockenschmiede 78
- Heimatmuseum 78
- Holzknechtmuseum 78
- Modellbahnschau 79
- Schnauferlstall 79
Rupertiwinkel 80

Salzburg 84
Sankt Bartholomä 91
Scharnitz 43
Schellenberger Eishöhle 86
Seebruck 63
Seeon (Kloster) 66
Siegsdorf (Museum) 76
Soleleitungen 82
Staffelsee 28
Stein (Höhlenburg) 67
Steingaden 26
Straßlach 20

Tegernsee (Ort) 52
Tegernsee (See) 52
Traunstein (Georgiritt) 76

Untersberg 86
Urschalling 69

Walchensee 46
Walchenseekraftwerk 46
Watzmann-Ostwand 91
Weidmoos 31
Weihenlinden 56
Wendelstein 54
Wendelsteinhöhle 55
Wendelsteinkirche 55
Werdenfelser Land 32
Wessobrunn 27
Wieskirche 25
Wildpark (Gasthof) 20

Zugspitze 33, 38

Impressum

Unser Gesamtverzeichnis finden Sie unter www.j-berg-verlag.de

Lektorat: Astrid Därr
Repro: Scanner Service S.r.l
Kartografie: Armin Scheider
Herstellung und Umschlag: Thomas Fischer

Haftung

Alle Angaben dieses Werkes wurden vom Autor sorgfältig recherchiert und auf den aktuellen Stand gebracht sowie vom Verlag geprüft. Für die Richtigkeit der Angaben kann jedoch keine Haftung übernommen werden. Für Hinweise und Anregungen sind wir dankbar. Bitte richten Sie diese an:

J. Berg Verlag im C. J. Bucher Verlag GmbH
Produktmanagement
Postfach 80 02 40
D-81673 München
E-Mail: lektorat@j-berg-verlag.de

Bildnachweis

Titelbild: Wanderung durch die Höllentalklamm in Garmisch-Partenkirchen.
Umschlagrückseite: Blick auf Burghausen vom österreichischen Ach aus.
Sämtliche Bilder stammen vom Autor Armin Scheider, außer S. 49 unten (Archiv der TouristInfo Bad Tölz), S. 76 (Archiv der Stadt Traunstein), S. 86/87 (Lars Bogh).

Textnachweis

Die Angaben zur Schellenberger Eishöhle auf S. 86/87 basieren auf dem Aufsatz »Die Schellenberger Eishöhle 1339/26. Eine touristische Besonderheit Berchtesgadens« von Heinz Vonderthann, Dachau, 2005.

Printed in Italy by Printer Trento S.r.l.
ISBN 3-7658-4126-9